新 뉴라인 일본어

최광준 · 이정숙 · 추석민 · 김세련 공저

2

다락원

현대를 글로벌 시대라고 합니다. 따라서 영어를 비롯한 외국어를 한 가지 이상 해야 하는 시대가 되었습니다. 이런 의미에서 일본어 습득은 매우 중요합니다. 현재 한국에는 여러 일본어 교재들이 출판되고 있습니다. 예전에 비하면 일본어 학습자들의 교재 선택에 폭이 매우 넓어졌다고 할 수 있습니다. 그러나 너무 문법 위주로 되어 있거나, 실생활에 동떨어진 예문, 또 최근 일본에서는 그다지 쓰이지 않는 표현들도 많았습니다. 이러한 문제들을 해소하기 위해 본 교재에서는 현재 일본에서 일상적으로 쓰이고 있는 표현들로 본문을 구성했으며, 칼럼 형식의 문화사정 등 학습자가 지루함을 느끼지 않으면서 일본어를 자연스럽게 접할 수 있도록 구성하였습니다. 문형에서도 너무 어렵지 않도록 쉬운 문형들을 중심으로 하였습니다. 일본어 연구자들과 공동으로 일본어 교육의 문제점들을 해결해 나가면서 교재를 출판하려고 노력하였습니다. 그러나 아무리 좋은 교재라 할지라도 학습자 스스로 노력하지 않으면 외국어는 습득하기 어렵습니다. 본 교재를 사용하여 학습자들이 일본어 공부에 흥미를 느끼고 큰 성과를 올리기를 바랍니다.

마지막으로 본 교재 출판을 흔쾌히 맡아주신 다락원 여러분께 감사드립니다.

2014년 3월
저자 대표　최광준

이 교재는 일본어에 대해 아무런 지식이 없는 초급부터 기초문법을 학습할 수 있게 되어 있습니다. 총 15과이며, 단어의 의미와 문법 설명 등이 한국어로 되어 있어 수업하기에 매우 적절합니다. 회화부터 시작해 새로운 단어, 문법해설, 문형연습, 회화연습, 응용연습, 한자연습, 일본문화 엿보기로 구성되어 있습니다. 회화의 문장은 너무 길지 않고 단순하면서도 자연스러운 회화가 되도록 배려하였습니다. 문법해설에서 배운 내용은 문형연습, 회화연습, 응용연습에 걸쳐서 반복해서 학습합니다. 연습문제가 많으므로 학습자가 문형을 확실히 익힐 수 있습니다. 또한 단어에는 악센트가 표기되어 있어 음성 CD를 들으면서 정확한 발음을 익힐 수 있습니다.

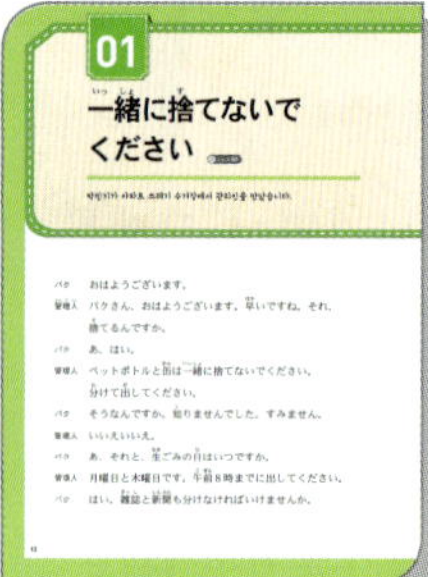

회화

'새로운 단어'와 '문법해설'을 보면, 혼자서도 어느 정도 본문의 의미를 알 수 있도록 되어 있습니다. 수업 전 예습을 하는 것이 바람직합니다. 눈으로만 의미를 이해하지 말고, 음성 CD를 반복해 듣고 따라해 봄으로써, 자연스러운 일본어 악센트 및 억양을 익히도록 합니다.

새로운 단어

학습자가 혼자서도 자연스러운 악센트를 익힐 수 있도록, 단어에는 모두 악센트가 표시되어 있습니다. 악센트를 보고 정확히 발음할 수 있도록 연습합니다.

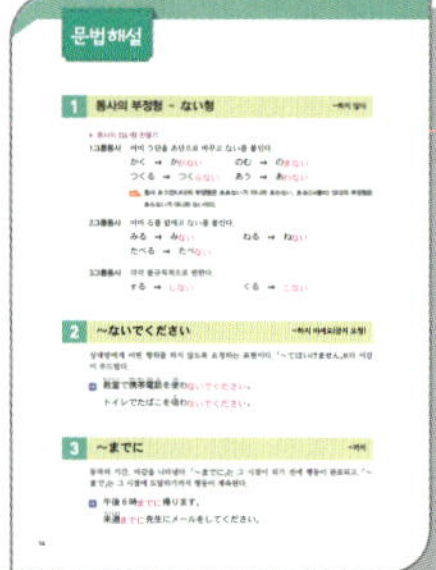

문법해설

회화에 나와 있는 문법항목이 한국어로 쉽게 설명되어 있습니다. 형용사와 동사의 활용법도 설명되어 있으므로 수업 전에 훑어보는 것이 바람직합니다.

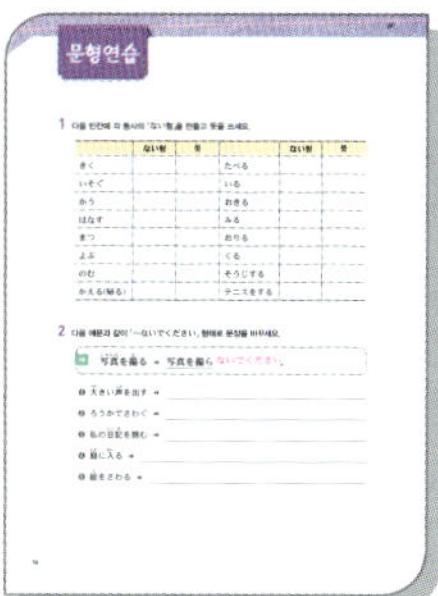

문형연습

문형과 형용사, 동사의 활용형을 확실히 익히기 위한 기초연습입니다. 일본어 회화로 발전해 가기 위한 기초이므로 확실히 연습합니다.

회화연습

학습한 문형이 회화 속에서 실제로 어떻게 사용되는지를 학습합니다. 짧은 회화로 되어 있으므로 짝을 이뤄 반복해 연습하고, 책을 보지 않고도 말할 수 있도록 합니다.

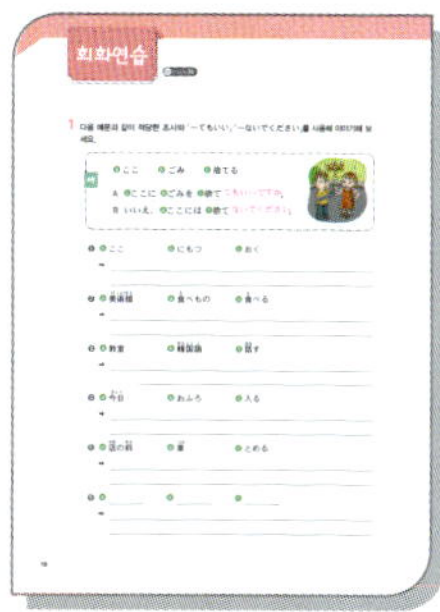

응용연습

학습한 내용을 기초로 문형을 응용해 말해 보는 연습을 합니다. 실제로 일본어를 사용해 커뮤니케이션을 함으로써 일본어로 말하는데 익숙해질 수 있도록 연습합니다.

한자연습

학습 내용 중 중요 한자를 쓰면서 연습합니다.

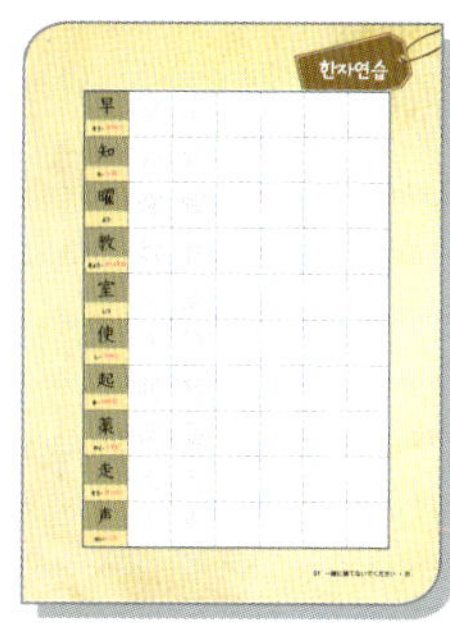

일본 문화 엿보기

일본의 문화적인 배경 등을 알게 됨으로써 일본에 흥미를 가지고 일본어를 가깝게 느낄 수 있습니다.

박민지 (パク・ミンジ)
일본 대학교 2학년. 교환학생

기무라 유우키 (木村ゆうき)
일본 대학교 3학년

스즈키 사쿠라
(鈴木さくら)
일본 대학교 4학년

와타나베 히로시 (渡辺ひろし)
박민지가 살고 있는 아파트의 관리인

<ruby>教室用語<rt>きょうしつようご</rt></ruby>

track 02

はじめます。	시작하겠습니다.
おわりましょう。	끝냅시다.
やすみましょう。	쉽시다.
きょうかしょを あけて ください。	교과서를 펴세요.
きょうかしょを とじて ください。	교과서를 덮으세요.
よく きいて ください。	잘 들으세요.
せんせいの あとに ついて はなして ください。	선생님을 따라 말하세요.
おおきな こえで はなして ください。	큰 소리로 말하세요.
たって ください。	일어서세요.
すわって ください。	앉으세요.
こたえて ください。	대답하세요.
かいて ください。	쓰세요.
○○ページを みて ください。	○○쪽을 보세요.
わかりますか。	알겠습니까?
はい、わかります。	네, 알겠습니다.
いいえ、わかりません。	아니요, 모르겠습니다.
もう いちど。	다시 한 번.
いいです。	좋습니다.
だめです。	안 됩니다.

一緒に捨てないで ください

◉ track 03

박민지가 아파트 쓰레기 수거장에서 관리인을 만났습니다.

パク　　おはようございます。

管理人　パクさん、おはようございます。早いですね。

　　　　それ、捨てるんですか。

パク　　あ、はい。

管理人　ペットボトルと缶は一緒に捨てないでください。

　　　　分けて出してください。

パク　　そうなんですか。知りませんでした。すみません。

管理人　いいえいいえ。

パク　　あ、それと、生ごみの日はいつですか。

管理人　月曜日と木曜日です。午前8時までに出してください。

パク　　はい。雑誌と新聞も分けなければいけませんか。

管理人　それは分けなくてもいいです。

パク　　そうですか。わかりました。

管理人(か_んりにん) 관리인　　早い(は_や_い) 〈시기, 시각 등이〉 이르다, 빠르다

捨てる(す_てる) 버리다　　ペットボトル 페트병　　缶(か_ん) 캔, 깡통　　一緒に(い_っしょに) 함께

分ける(わ_ける) 나누다, 분류하다　　出す(だ_す) 내다, 내놓다　　知る(し_る) 알다

いいえいいえ 아니요 아니요　　そ_れと 그것과　　生ごみ(な_まごみ) 음식물 쓰레기　　日(ひ_) 날, 날짜

午前(ご_ぜん) 오전 ↔ 午後(ご_ご) 오후　　雑誌(ざ_っし) 잡지　　新聞(し_んぶん) 신문

1 동사의 부정형 – ない형

~하지 않다

▶ **동사의 ない형 만들기**

1그룹동사 어미 う단을 あ단으로 바꾸고 ない를 붙인다.

かく ➡ か**かない**　　　のむ ➡ の**まない**

つくる ➡ つく**らない**　　あう ➡ **あわない**

> **주의** 동사 あう(만나다)의 부정형은 ああない가 아니라 あわない, ある(《사물이》 있다)의 부정형은 あらない가 아니라 ない이다.

2그룹동사 어미 る를 없애고 ない를 붙인다.

みる ➡ み**ない**　　　　ねる ➡ ね**ない**

たべる ➡ たべ**ない**

3그룹동사 각각 불규칙적으로 변한다.

する ➡ **しない**　　　　くる ➡ **こない**

2 ～ないでください

~하지 마세요(금지 요청)

상대방에게 어떤 행위를 하지 않도록 요청하는 표현이다. 「～てはいけません」보다 어감이 부드럽다.

> 예 教室で携帯電話を使わ**ないでください**。
>
> トイレでたばこを吸わ**ないでください**。

3 ～までに

~까지

동작의 기간, 마감을 나타낸다. 「～までに」는 그 시점이 되기 전에 행동이 완료되고, 「～まで」는 그 시점에 도달하기까지 행동이 계속된다.

> 예 午後6時**までに**帰ります。
>
> 来週**までに**先生にメールをしてください。

〜なければならない／なくてはならない

~해야 한다, ~하지 않으면 안 된다

「〜なければならない」는 일반적인 상식이나 의무적으로 당연히 그렇게 해야 할 때, 「〜なければ[なくては・なくちゃ]いけない／なくてはならない」는 개인적이고 구체적인 의무를 나타낸다.

예 遅刻する時は連絡しなければなりません。

明日は６時に起きなければいけない。

お金を払わなくてはならない。

毎日、朝ごはんを食べなくてはいけない。

明日までにレポートを書かなくちゃいけない。

> 行かなければならない　　딱딱한 표현
> 行かなければいけない
> 行かなくてはならない
> 行かなくてはいけない
> 行かなきゃいけない
> 行かなくちゃいけない　　스스럼없는 표현

〜なくてもいい

~하지 않아도 좋다

상대방에게 '~할 필요가 없다'는 뜻을 나타낸다.

예 もう薬を飲まなくてもいいです。

まだ時間がありますから、走らなくてもいいです。

새로운 단어

教室(きょうしつ) 교실　　携帯電話(けいたいでんわ) 휴대전화　　使う(つかう) 사용하다

トイレ 화장실 ＝ お手洗い(おてあらい)　　たばこ 담배　　吸う(すう) (담배를) 피우다,
(기체나 액체를) 들이마시다　　来週(らいしゅう) 다음 주　　メールをする 메일을 보내다

遅刻する(ちこくする) 지각하다　　〜時(とき) ~(할) 때　　連絡する(れんらくする) 연락하다

起きる(おきる) (자리에서) 일어나다, 기상하다　　払う(はらう) 지불하다　　もう 이제, 이미, 벌써

薬(くすり) 약　　飲む(のむ) 마시다　　まだ 아직　　走る(はしる) 뛰다, 달리다

1 다음 빈칸에 각 동사의 「ない형」을 만들고 뜻을 쓰세요.

	ない형	뜻		ない형	뜻
きく			たべる		
いそぐ			いる		
かう			おきる		
はなす			みる		
まつ			おりる		
よぶ			くる		
のむ			そうじする		
かえる(帰る)			テニスをする		

2 다음 예문과 같이 「〜ないでください」 형태로 문장을 바꾸세요.

> 예　写真を撮る　➡　写真を撮らないでください。

❶ 大きい声を出す　➡　_______________________

❷ ろうかでさわぐ　➡　_______________________

❸ 私の日記を読む　➡　_______________________

❹ 庭に入る　➡　_______________________

❺ 絵をさわる　➡　_______________________

3 다음 예문과 같이 적당한 조사와 「~なければならない」 문형을 사용해 문장을 완성하세요.

> **예** たばこ、外で吸う ➡ たばこは外で吸わ**なければならない**。

❶ ここで、パスポートを見せる ➡ _______________

❷ 寮、夜11時までに帰る ➡ _______________

❸ 部屋に入る時、失礼しますと言う ➡ _______________

❹ 道をわたる時、よく見る ➡ _______________

❺ テスト、まず名前を書く ➡ _______________

4 다음 일본어를 한국어로, 한국어를 일본어로 옮기세요.

❶ ここで写真を撮らないでください。

➡ _______________

❷ ろうかで大きい声を出さないでください。

➡ _______________

❸ 내일까지 리포트를 써야 합니다.

➡ _______________

❹ 학생이기 때문에 열심히 공부해야 합니다.

➡ _______________

새로운 단어

写真(しゃ「しん) 사진　　撮る(と「る) (사진 등을) 찍다　　大きい(お「おきい) 크다, 커다랗다
↔ 小さい(ち「いさい) 작다　　声(こ「え) 목소리　　ろ「うか 복도　　さ「わぐ 떠들다
日記(に「っき) 일기　　庭(に「わ) 정원　　入る(は「いる) 들어가다, 들어오다　　絵(え「) 그림
さ「わる 만지다　　外(そ「と) 밖　　パ「スポート 여권, 패스포트　　見せる(み「せる) 내보이다
寮(りょ「う) 기숙사　　夜(よ「る) 밤　　部屋(へ「や) 방　　失礼します(し「つれいします) 실례합니다
言う(い「う) 말하다　　道(み「ち) 길　　わ「たる 건너다　　名前(な「まえ) 이름
い「っしょうけ「んめい 열심히 함　　勉強する(べ「んきょうする) 공부하다

1 다음 예문과 같이 적당한 조사와 「〜てもいい」「〜ないでください」를 사용해 이야기해 보세요.

예

ⓐ ここ　　ⓑ ごみ　　ⓒ 捨てる

A ⓐここに ⓑごみを ⓒ捨ててもいいですか。
B いいえ、ⓐここには ⓒ捨てないでください。

❶ ⓐ ここ　　　　ⓑ にもつ　　　　ⓒ おく

➡ ___________________________________

❷ ⓐ 美術館(びじゅつかん)　　ⓑ 食(た)べもの　　ⓒ 食(た)べる

➡ ___________________________________

❸ ⓐ 教室　　　　ⓑ 韓国語(かんこくご)　　ⓒ 話(はな)す

➡ ___________________________________

❹ ⓐ 今日(きょう)　　　ⓑ おふろ　　　ⓒ 入る

➡ ___________________________________

❺ ⓐ 店(みせ)の前(まえ)　　ⓑ 車(くるま)　　ⓒ とめる

➡ ___________________________________

❻ ⓐ __________　　ⓑ __________　　ⓒ __________

➡ ___________________________________

2 다음 예문과 같이 「～なければいけない」와 「～てもいい」를 사용해 이야기해 보세요.

예

ⓐ 来週、レポートを出す　　ⓑ はい/いいえ

A　ⓐ来週、レポートを出さなければいけませんか。
B¹ ⓑはい、出さなければいけません。
B² ⓑいいえ、出さなくてもいいです。

❶ ⓐ 明日、学校に来る　　　　　　　ⓑ いいえ
　➡ ____

❷ ⓐ 11時までに空港に行く　　　　　ⓑ はい
　➡ ____

❸ ⓐ キムさんに連絡する　　　　　　ⓑ はい
　➡ ____

❹ ⓐ 今お金を払う　　　　　　　　　ⓑ いいえ
　➡ ____

❺ ⓐ 佐藤さんを待つ　　　　　　　　ⓑ はい
　➡ ____

❻ ⓐ ________________　　　　　　ⓑ ________
　➡ ____

새로운 단어

に もつ 짐　　お く 두다　　美術館(び じゅつ かん) 미술관　　食べ物(た べも の) 음식

食べる(た べ る) 먹다　　話す(は な す) 이야기하다　　今日(きょ う) 오늘　　お ふろ 목욕

店(み せ) 가게　　車(く るま) 차, 자동차　　と める (차, 자전거를) 세우다　　来る(く る) 오다

空港(く うこう) 공항　　今(い ま) 지금　　お金(お かね) 돈　　待つ(ま つ) 기다리다

🔘 track 05

● 이제부터 친구와 같이 살게 됩니다. 다음 그림을 보고 예문과 같이 이야기해 보세요.

예
A　テレビを見てもいいですか。
B¹　はい、いいですよ。どうぞ。
B²　すみませんが、テレビは見ないでください。

テレビを見る

❶ 

トイレを使う

❷ 

夜、洗濯する

❸ 

お酒を飲む

❹ 

部屋でたばこを吸う

❺ 

パーティーをする

❻ 

毎日おふろに入る

早					
そう・はや(い)	早	早			
知					
ち・し(る)	知	知			
曜					
よう	曜	曜			
教					
きょう・おし(える)	教	教			
室					
しつ	室	室			
使					
し・つか(う)	使	使			
起					
き・お(きる)	起	起			
薬					
やく・くすり	薬	薬			
走					
そう・はし(る)	走	走			
声					
せい・こえ	声	声			

今日（きょう）のテスト どうだった

track 06

木村（きむら）　ミンジちゃん、今日のテストどうだった。

パク　あまりよくできなかったの。

木村　そうなんだ。むずかしかった。

パク　むずかしくはなかったんだけどね。問題（もんだい）が多（おお）くて、時間（じかん）が足（た）りなかったの。

木村　そうだったんだ。

パク　木村先輩（せんぱい）は。

木村　ぼくは明日までにレポート書かなくちゃいけないんだ。

パク　そっか。どんなレポート。

木村　うん…、「日本（にほん）と韓国（かんこく）の食文化（しょくぶんか）」ってテーマなんだ。

パク　へえ、おもしろそうね。

木村　　でも、明日までに終^おわるか心配^{しんぱい}だよ。

パク　　そうなんだ。わたし、テスト終わってひまだから、
　　　　てつだうよ。

木村　　ほんとうに。ありがと。
　　　　今度^{こんど}、なんかおごるよ。

あ「まり〈뒤에 부정문을 동반해서〉 그다지, 별로　　で「き」る 잘하다, 가능하다, 완성되다, (새로) 생기다

む「ずかし」い 어렵다　　問題(も「んだい) 문제　　多い(お「おい) 많다　　足りない(た「りない) 부족하다

先輩(せ「んぱい) 선배 ↔ 後輩(こ「うはい) 후배　　食文化(しょ「くぶ「んか) 식문화　　テ「ーマ 테마

お「もしろ」い 재미있다　　終わる(お「わる) 끝나다, 종료되다

心配(し「んぱい) 걱정, 근심 ↔ 安心(あ「んしん) 안심　　暇(ひ「ま) 틈, 한가한 모습

手伝う(て「つだ」う) 도와주다　　本当(ほ「んとう) 정말　　今度(こ「んど) 이번, 이다음

な「んか 무엇인가 ▶ だ「れか 누군가, ど「こか 어딘가　　お「ごる 한턱내다

1 보통체와 정중체

일본어에는 보통체(常体, だ・である体)와 정중체(敬体, です・ます体) 두 가지가 있다. 보통체는 정중하지 않은 문체로 문장을 쓸 때, 그리고 친한 친구나 손아래 친한 사람에게 말할 때 사용한다. 정중체는 듣는 사람에게 경의를 나타낼 때, 손윗사람 또는 손아랫사람이라도 그다지 친하지 않은 사람에게 사용한다. 또 편지는 정중체로 쓴다.

■ 빈칸에 보통체일 때의 뜻을 쓰세요.

정중체	보통체	뜻
かきます	かく	
かきません	かかない	
かきました	かいた	
かきませんでした	かかなかった	
おおきいです	おおきい	
おおきくないです	おおきくない	
おおきかったです	おおきかった	
おおきくなかったです	おおきくなかった	
げんきです	げんきだ	
げんきではありません	げんきじゃない	
げんきでした	げんきだった	
げんきではありませんでした	げんきじゃなかった	
あめです	あめだ	
あめではありません	あめじゃない	
あめでした	あめだった	
あめではありませんでした	あめじゃなかった	

★의문문일 때 か를 쓰지 않고 억양만 올릴 수도 있다.

2 친구 사이의 말

1) 호칭

~くん(君) ~군, ~ちゃん ~야 : 친밀감을 나타내는 호칭
ぼく・おれ : 나. 남자가 자기와 동등하거나 손아랫사람에게 사용하는 스스럼없는 표현
　　　　　　　　⇔ おまえ 너
あたし : 저, 나. 주로 여성이 씀

2) 종조사 よ / ね / の / わ

よ : 상대방이 알지 못했던 정보를 알려 줄 때, 또 자기의 판단과 의견 등을 상대에게 강하
　　게 말할 때 사용
ね : 동의, 확인(다짐)
の : 확인, 단정
わ : 가벼운 주장, 결의, 영탄. 여성이 사용

예 A : じゃ、先に帰る**よ**。

　　B : うん。そのほうがいい**ね**。
　　昨日、電話できなくてごめん**ね**。いそがしかった**の**。
　　まあ、きれいな月だ**わ**。

3) 생략

● 조사의 생략

예 今日のテストどうだった。　➡　今日のテスト**(は)**どうだった。

　　レポート書かなくちゃ　➡　レポート**(を)**書かなくちゃ

　　テスト終わって　➡　テスト**(が)**終わって

생략 가능한 조사 : は, を, が, に(방향), へ
생략 불가능한 조사 : で, に(존재의 위치), の, と

● 뒤에 오는 문장의 생략

예 木村くんは。　➡　木村くんは**(どうですか)**
　　どんなレポート。　➡　どんなレポート**(ですか)**　　] です, ます 등을 생략

　　ほんと　➡　ほんと**(う)**　　ありがと　➡　ありがと**(う)**

● ください 생략

예 ペンをかして。　➡　ペンをかして**(ください)**。
　　電気を消さないで。　➡　電気を消さないで**(ください)**。

● 인사말

예 おはよう。 → おはよう(ございます)。

ごめん。 → ごめん(なさい)。

4) 축약

● ちゃ ➡ ては　　　じゃ ➡ では

書かなくちゃいけない　➡　書かなくてはいけません

예 ここに入っちゃいけないよ。

ここで遊んじゃだめ。

● って ➡ という

내용을 설명하거나 이름을 소개할 때의 표현. '～라고 하는'.

佐藤さんって人　➡　佐藤さんという人

---

3 **～そうだ**　～인 것 같다, ～할 것 같다, ～같아 보이다(양태의 조동사)

말하는 사람이 보고 느낀 것을 예상, 추측, 판단할 때 쓰는 표현이다. 불확실한 추측이기 때문에 눈으로 보아서 확실하게 알 수 있는 것(かわいい, きれいだ 등)에는 사용하지 않는다. 또 명사나 과거형에는 접속할 수 없다. 단, 부정문에서 「명사＋ではなさそうだ」로는 쓴다.

1) 접속형태

「동사의 ます형＋そうだ」

「い형용사 어간＋そうだ」

「な형용사 어간＋そうだ」

주의
いい(＝よい) ➡ よさそうだ ない ➡ なさそうだ

2) 부정형

「동사의 ます형＋そう(に)もない」

「い형용사 어간＋くなさそうだ」

「な형용사 어간＋じゃなさそうだ」

	기본형	～そうだ(양태)	부정의 ～そうだ
동사	ふる	ふり**そうだ**	ふり**そう(に)もない**
い형용사	おいしい	おいし**そうだ**	おいし**くなさそうだ**
な형용사	げんきだ	げんき**そうだ**	げんき**じゃなさそうだ**

3) 활용

「な형용사」처럼 활용한다.

예 雨がふり**そうな**空だね。

どうしたんですか。たのしく**なさそう**ですね。

4 　～かどうか

～일지 어떨지

「동사의 기본형 / い형용사＋かどうか」「な형용사 어간 / 명사＋かどうか」의 형태로 '～일지 어떨지'라는 추측을 나타낸다.

예 約束の時間までに着く**かどうか**心配です。

あのレストランはおいしい**かどうか**わかりません。

韓国料理が好き**かどうか**聞いてみます。

きれいなホテル**かどうか**わかりません。

새로운 단어

先に(さきに) 먼저　　昨日(きのう) 어제　　いそがしい 바쁘다

きれいだ 예쁘다, 깨끗하다 〈な형용사〉　　月(つき) 달　　電気(でんき) 전깃불　　消す(けす) 끄다

遊ぶ(あそぶ) 놀다　　雨(あめ) 비　　降る(ふる) (눈, 비 등이) 내리다, 오다　　空(そら) 하늘

楽しい(たのしい) 즐겁다　　約束(やくそく) 약속　　着く(つく) 도착하다, 닿다

わかる 이해하다, 알다

1 다음 예문과 같이 보통체 문장으로 바꾸세요.

> 예　私は４月から東京へ行きます。 ➡ 私は４月から東京へ行く。

❶ 昨日は晩ごはんを食べませんでした。 ➡ _______________

❷ このへやにパソコンはありません。 ➡ _______________

❸ けさ、頭が痛かったです。 ➡ _______________

❹ テストは簡単ではありませんでした。 ➡ _______________

❺ 彼のお父さんは社長です。 ➡ _______________

2 아래 문장을 친구 사이에 사용할 수 있는 말로 바꾸세요.

> 예　イさんは大阪に住んでいます。
> ➡ イさんは大阪に住んでいる。

❶ 金曜日にさしみを食べに行きませんか。 ➡ _______________

❷ 佐藤さんは中国語がわかりますか。 ➡ _______________

❸ 来年はドイツへ行きたいです。 ➡ _______________

❹ 毎日、運動しなくてはいけません。 ➡ _______________

❺ 鈴木さんのねこはタマという名前です。 ➡ _______________

3 다음 예문과 같이 양태의 「〜そうだ」를 사용해 문장을 완성하세요.

> **예** この店のすし、おいしくない
> ➡ この店のすしはおいしくなさ<u>そうです</u>ね。

❶ キムさんのかばん、高い　➡

❷ この映画、おもしろくない　➡

❸ イさんの彼氏、まじめだ　➡

❹ 先生、いそがしい　➡

❺ キムさん、頭がいい　➡

4 다음 일본어를 한국어로, 한국어를 일본어로 옮기세요.

❶ 今週の日曜日はひまじゃない。

➡

❷ 2時までに間に合うかどうか心配です。

➡

❸ 나의 아버지는 늘 바쁜 것 같습니다.

➡

❹ 토요일 파티에는 가지 않았다.

➡

track 07

1 다음 예문과 같이 친구 사이의 대화로 만들어 보세요.

예

ⓐ すし　ⓑ 好き　ⓒ うん　ⓓ 食べる

A ⓐすし、ⓑ好き？
B ⓒうん。
A じゃ、今日、一緒に ⓓ食べに行かない？
B いいよ。／ ごめん。今日はちょっと……。

❶ ⓐ 日曜日　　ⓑ ひま　　ⓒ うん　　ⓓ ショッピングする
→ ____

❷ ⓐ この映画　ⓑ 見た　　ⓒ ううん、まだ　ⓓ 見る
→ ____

❸ ⓐ 試験　　　ⓑ 終わった　ⓒ うん　　ⓓ 遊ぶ
→ ____

❹ ⓐ 時間　　　ⓑ ある　　ⓒ うん　　ⓓ 飲む
→ ____

❺ ⓐ 教科書　　ⓑ 買った　ⓒ ううん、まだ　ⓓ 買う
→ ____

❻ ⓐ ________　ⓑ ________　ⓒ ________　ⓓ ________
→ ____

예

ⓐ 土曜日のパーティーに　ⓑ 行きます

A ⓐ土曜日のパーティーに ⓑ行きますか。
B ⓑ行くかどうかわかりません。

❶ ⓐ 9時に　　　　　　　　　ⓑ 間に合います

➡ ____

❷ ⓐ このジュースは　　　　　ⓑ おいしいです

➡ ____

❸ ⓐ 渡辺さんは　　　　　　　ⓑ 結婚しています

➡ ____

❹ ⓐ キムさんは　　　　　　　ⓑ 日本語がじょうずです

➡ ____

❺ ⓐ その香水は　　　　　　　ⓑ フランス製です

➡ ____

❻ ⓐ ________________　　　ⓑ ________________

➡ ____

새로운 단어

好きだ(す「き」だ) 좋아하다 〈な형용사〉　　ショッピングする 쇼핑하다　　試験(し「け」ん) 시험
教科書(きょ「うか」しょ) 교과서　　パーティー 파티　　ジュース 주스　　結婚(け「っこん) 결혼
上手だ(じょ「うず」だ) 능숙하다 〈な형용사〉 ↔ 下手だ(へ「た」だ) 서투르다 〈な형용사〉
香水(こ「うすい) 향수　　フランス製(フ「ランスせい) 프랑스제

● 자신의 하루 일과를 일기로 적어서 발표해 보세요(보통체로 쓰세요).

____月 ____日 ____曜日　天気：

問						
もん・と(う)						
足						
そく・あし/た(りる)						
終						
しゅう・お(わる)						
遊						
ゆう・あそ(ぶ)						
着						
ちゃく・つ(く)						
頭						
と/ず・あたま						
住						
じゅう・す(む)						
運						
うん・はこ(ぶ)						
動						
どう・うご(く)						
好						
こう・す(き)						

03

納豆も食べられるんですか

track 08

鈴木　パクさん、日本の食べ物は好きですか。

パク　はい。好きです。特に納豆が好きです。

鈴木　え。納豆も食べられるんですか。

　　　くさくて食べられない人も多いんですよ。

パク　はい。最初はくさいしネバネバするので食べることが

　　　できませんでしたが、今は食べられるようになりました。

鈴木　韓国の食べ物が食べたくなりませんか。

パク　そうですね。それで、ときどき、私が韓国料理を

　　　作ってみんなで食べるんです。

鈴木　へー、どんな料理を作るんですか。

パク　うーん、そうですね。ビビンバとか、チゲとか……。

鈴木　じゃ、キムチチゲも作れますか。

パク　はい、もちろんです。とくいな料理の一つです。

　　　今度作りましょうか。

鈴木　いいんですか。うれしいな。

　　　ぜひ、おねがいします。

特に(と̚くに) 특히　　納豆(な̚っと̚う) 낫토 〈콩을 발효시켜 만든 식품, 생 청국장〉

く̚さ̚い 냄새 나다　　最初(さ̚いしょ) 최초　　ネ̚バネバする 끈적끈적하다　　と̚きどき 때때로

料理(りょ̚うり) 요리　　作る(つ̚く̚る) 만들다　　へ̚ー 혜, 허 〈놀라거나 어이없음을 나타내는 소리〉

ビ̚ビンバ 비빔밥　　チ̚ゲ 찌개　　キムチ 김치　　も̚ち̚ろん 물론

と̚く̚いだ 숙달되어 있다, 자신 있다 〈な형용사〉 ↔ 苦手だ(に̚がてだ) 서투르다, 잘하지 못하다

う̚れし̚い 기쁘다　　ぜ̚ひ 꼭

1 동사의 가능형

~할 수 있다

▶ **동사의 가능형 만들기**

1그룹동사 어미 う단을 え단으로 바꾸고 る를 붙인다.

かく　➡　か**ける**　　　　のむ　➡　の**める**

つくる　➡　つく**れる**　　　あう　➡　あ**える**

かえる(帰る)　➡　かえ**れる**(帰れる)

2그룹동사 어미 る를 없애고 られる를 붙인다.

おきる　➡　おき**られる**　　とめる　➡　とめ**られる**

たべる　➡　たべ**られる**

3그룹동사 각각 불규칙적으로 변한다.

する　➡　**できる**　　　　くる　➡　**こられる**

주의 가능동사는 '~을 할 수 있다'라는 뜻이지만, 목적격 조사「を」 대신에「が」를 사용한다.

2 ～ことができる/できない

~하는 것이 가능하다 / 가능하지 않다

「동사의 기본형＋ことができる」는 가능동사와 같은 뜻의 가능 표현이다. 이 문형에서는 조사 を를 취한다.

주의 ある, いる, 要る와 光る, 降る와 같은 자동사는 가능 표현을 만들 수 없다.

예 私は英語とスペイン語を話す**ことができる**。

私はさしみを食べる**ことができない**。

<table><tr><td>**3**</td><td>**가능동사 + ようになる**</td><td>~할 수 있게 되다</td></tr></table>

「가능동사+ようになる」는 이전에는 불가능했던 것이 가능하게 되었음을 나타낸다.

예 二十歳（はたち）になったので、お酒（さけ）が飲（の）める**ようになった**。

去年（きょねん）より日本語が話せる**ようになりました**。

<table><tr><td>**4**</td><td>**～し**</td><td>~이고</td></tr></table>

「동사 / い형용사+し」「명사 / な형용사+だし」는 앞뒤의 말을 접속하는 문형으로, 앞의 사항이 뒤의 사항과 병렬적·대비적인 관계임을 나타낸다. 또 앞에 있는 사항이 원인·이유가 됨을 나타낼 때도 있다. 「そして(그리고)」의 의미이다.

예 牛丼（ぎゅうどん）はおいしい**し**、ねだんも安（やす）いです。 (병렬)

今日は雨だ**し**、寒（さむ）いから外に出ない。 (이유)

アナウンサーの発音（はつおん）はきれいだ**し**、わかりやすいです。 (이유)

<table><tr><td>**5**</td><td>**～とか**</td><td>~라든가, ~든지</td></tr></table>

「명사 / 동사 보통체+とか」의 형태로 사물이나 동작의 구체적인 예를 열거할 때 쓴다. 여러 명사를 열거할 경우에 뒤의 「とか」는 생략할 수 있다.

예 黒（くろ）より赤（あか）**とか**ピンク（**とか**）のほうがにあいますよ。

わからないことばは、本を見る**とか**、辞書でしらべる**とか**してください。

문형연습

1 다음 각 동사의 가능형을 만들고 그 뜻을 쓰세요.

기본형	가능형	뜻	기본형	가능형	뜻
よむ			みる		
はなす			おりる		
あそぶ			おぼえる		
うたう			かりる		
はしる(走る)			ねる		
およぐ			くる		
ひく			する		
もつ			ゴルフをする		

2 다음 예문과 같이 가능동사를 사용해 문장을 바꾸세요.

> **예** 私はカタカナを書くことができます。
> ➡ 私はカタカナが書けます。

❶ 金さんはイタリア語を話すことができます。➡ _______________

❷ このへやではたばこを吸うことができません。➡ _______________

❸ キムさんは漢字（かんじ）を読むことができます。➡ _______________

❹ 鈴木さんはお酒を飲むことができません。➡ _______________

❺ 図書館では辞書を借りることができません。➡ _______________

3 다음 예문과 같이 「〜し」를 사용해 문장을 만드세요.

> **예**
> このパン、おいしいです、安いです
> ➡ このパンはおいしいし、安いです。

❶ この公園、広いです、しずかです ➡ ______________________

❷ 今日、あたたかいです、いい天気です ➡ ______________________

❸ このへや、エアコンがありません、きたないです ➡ ______________________

❹ 彼女、きれいです、あたまもいいです ➡ ______________________

❺ 今日、雨がふっています、家にいましょう ➡ ______________________

4 다음 일본어를 한국어로, 한국어를 일본어로 옮기세요.

❶ 鈴木さんはお酒が飲めません。

➡ ______________________

❷ 私はサッカーとかバスケットボールとかを見るのが好きです。

➡ ______________________

❸ 그는 성실하고 머리도 좋습니다.

➡ ______________________

❹ 다나카 씨는 기타를 칠 수 있습니다. (가능 문형)

➡ ______________________

새로운 단어

借りる (か리る) 빌리다　　イタリア 이탈리아　　漢字 (か んじ) 한자　　パン 빵

公園 (こ うえん) 공원　　広い (ひ ろ い) 넓다　　しずかだ 조용하다 〈な형용사〉

あ たたか い 따뜻하다　　天気 (て んき) 날씨　　エアコン 에어컨

き たな い 지저분하다, 더럽다　　彼女 (か のじょ) 그녀

🔊 track 09

1 다음 예문과 같이 적당한 조사와 가능형을 사용해 이야기해 보세요.

> 예
>
> ⓐ ひらがな　　ⓑ 読む　　ⓒ カタカナ
>
> A ⓐひらがなが ⓑ読めますか。
> B はい。ⓑ読めます。
> A じゃ、ⓒカタカナはどうですか。
> B ⓒカタカナは ⓑ読めません……。

❶ ⓐ 日本語　　　ⓑ 話す　　　ⓒ ドイツ語

➡ ____

❷ ⓐ サッカー　　ⓑ する　　　ⓒ バスケットボール

➡ ____

❸ ⓐ ピアノ　　　ⓑ ひく　　　ⓒ ギター

➡ ____

❹ ⓐ 車の運転（うんてん）　ⓑ する　　　ⓒ バイクの運転

➡ ____

❺ ⓐ 土曜日(は)　　ⓑ 来る　　　ⓒ 日曜日

➡ ____

❻ ⓐ __________　ⓑ __________　ⓒ __________

➡ ____

2 다음 예문과 같이 「가능형＋ようになる」를 사용해 이야기해 보세요.

예

ⓐ 漢字　　ⓑ 書く

A　ⓐ漢字は、ⓑ書けるようになりましたか。

B　いいえ、まだうまくⓑ書けません。
　　早くⓑ書けるようになりたいです。

❶ ⓐ 日本語　　　　　ⓑ 話す

➡ _______________________________________

❷ ⓐ 日本語の歌（うた）　　ⓑ 歌う

➡ _______________________________________

❸ ⓐ 平泳ぎ（ひらおよ）　　ⓑ する

➡ _______________________________________

❹ ⓐ 自転車（じてんしゃ）　　ⓑ 乗る（の）

➡ _______________________________________

❺ ⓐ ダンス　　　　　ⓑ おどる

➡ _______________________________________

❻ ⓐ ________　　　　ⓑ ________

➡ _______________________________________

새로운 단어

サ「ッカー 축구　　バ「スケットボール」농구　　ピ「アノ 피아노　　ギ「ター 기타

運転（う「んてん）운전　　バ「イク 오토바이의 준말　　歌（う「た）노래

平泳ぎ（ひ「らおよぎ）（수영의）평영　　自転車（じ「てんしゃ）자전거　　乗る（の「る）（탈것에）타다

ダ「ンス 댄스　　お「どる 춤추다

🔘 track **10**

● 여러분이 잘하는 것과 그렇지 못한 것은 무엇입니까? 인터뷰 형식으로 표에 적어 보세요.

> **예**
>
> A キムさんが、とくいなことは何ですか。
>
> B 私はフランス語が話せます。
>
> そして、早く走れます。
>
> A にがてなことは何ですか。
>
> B さしみが食べられません。
>
> そして、自転車に乗れません。

名前	とくいなこと	にがてなこと
예 キムさん	フランス語が話せる 早く走れる	さしみが食べられない 自転車に乗れない

特 とく	特	特				
去 きょ・さ(る)	去	去				
年 ねん・とし	年	年				
安 あん・やす(い)	安	安				
黒 こく・くろ	黒	黒				
赤 せき・あか	赤	赤				
漢 かん	漢	漢				
字 じ	字	字				
臭 しゅう・くさ(い)	臭	臭				
乗 じょう・の(る)	乗	乗				

漢字が多すぎて、すこし読みにくいです

◉ track 11

박민지가 스즈키의 집을 방문했습니다.

パク	鈴木先輩、なにかおもしろい本はありませんか。
鈴木	本。急にどうしてですか。
パク	最近、日本語の勉強のために、夏目漱石の小説を読み始めたんです。
鈴木	そうなんですか。何を読んでいるんですか。
パク	『坊っちゃん』です。でも、漢字が多すぎて、すこし読みにくいんです。もっと読みやすいものはありませんか。
鈴木	そうですか。じゃ、これはどうですか。
パク	あ、これは漢字も少ないし、読みやすそうですね。
鈴木	あと、この本もおもしろいけど、ちょっとむずかしいかもしれませんね。

パク　　そうですか。それじゃ、やっぱりこれにします。
　　　　一週間ぐらい借りてもいいですか。

鈴木　　いいですよ。

パク　　ありがとうございます。

急に (きゅ「うに) 갑자기　　ど「うして 왜　　最近 (さ「いきん) 최근, 요즘
夏目　石 (な「つめそ「うせき) 나쓰메 소세키 〈일본의 대표적인 근대문학작가〉　　小説 (しょ「うせつ) 소설
～始める (は「じめる) ~하기 시작하다　　坊っちゃん (ぼ「っちゃん) 아드님, 도련님 〈남의 아들의 높임말〉
す「こし 조금　　少ない (す「くな「い) 적다　　ちょ「っと 잠시, 잠깐, 조금, 약간
や「っぱり 역시, 과연 〈やはり의 힘준말〉　　一週間 (い「っしゅ「うかん) 일주일간
ぐ「らい 정도, 쯤 〈수량을 나타내는 말에 접속하여 대강 그 정도임을 나타냄〉

문법해설

1 ～ため(に)
~하기 때문에, ~하기 위하여

목적과 이익을 나타내는 표현으로, 「동사의 기본형＋ために」「명사＋のために」의 형태로 접속한다. 원인을 나타낼 때는 뒤에 의지·권유·명령 표현이 올 수 없다.

예) 仕事をするために、東京へ行きます。(목적)

彼のために、お弁当を作った。(은혜)

雨のため、試合が中止になった。(원인)

2 ～始める
~하기 시작하다

시작과 끝이 있는 동작, 자연현상, 습관 등을 나타내는 동사에 사용하며, 「동사의 ます형＋はじめる」형태로 접속한다.

예) 姉の子どもが歩き始めた。

最近、日本語を勉強し始めた友達が多い。

3 ～すぎる
너무 ~하다, 지나치게 ~하다

과도한 상태를 나타내는 표현으로, 「동사의 ます형＋すぎる」「い형용사 어간 / な형용사 어간＋すぎる」형태로 접속한다.

예) 食べすぎて、おなかがいたい。

先生、宿題が多すぎます。減らしてください。

問題をぜんぶとくには、時間がなさすぎる。

このゲームは、ルールが複雑すぎて、おもしろくないです。

주의) 「ない → なさすぎる」

4 〜やすい/にくい〜하기 쉽다 / 어렵다

「동사의 ます형＋やすい / にくい」 형태로 접속하며, 난이도를 나타낸다.

예 このペンは書き**やすい** / 書き**にくい**です。

　このコップはこわれ**やすい** / こわれ**にくい**です。

5 〜かもしれない〜할지도 모른다

「동사의 기본형＋かもしれない」 형태로 접속한다. 말하는 사람의 추측을 나타내며 그 일이 일어날 가능성이 반반일 때 사용한다.

예 明日は雨がふる**かもしれません**。

　仕事が終わらないので、パーティーには行けない**かもしれない**。

새로운 단어

仕事(し「ごと) 일　　お弁当(お「べんとう) 도시락　　試合(し「あい) 시합　　中止(ちゅ「うし) 중지

姉(あ「ね) 언니, 누나　　子ども(こ「ども) 아이　　歩く(あ「る「く) 걷다　　友達(と「もだち) 친구

お「なか (사람의) 배　　減らす(へ「らす) 줄이다　　ぜ「んぶ 전부　　解く(と「く) 풀다

複雑だ(ふ「くざつだ) 복잡하다 〈な형용사〉　　コ「ップ 컵　　こ「われ「る 부서지다

1 다음 예문과 같이 「〜(の)ために、〜始める」를 사용해 문장을 완성하세요.

> 예　試験、図書館で勉強する
>
> ➡ 試験のために、図書館で勉強し始めました。

❶ 日本語の勉強、日本のドラマを見る ➡ ________________________

❷ ダイエット、運動する ➡ ________________________

❸ 日本に留学する、準備する ➡ ________________________

❹ 彼女にプレゼントを買う、アルバイトをする ➡ ________________________

❺ 就職、履歴書を書く ➡ ________________________

2 다음 예문과 같이 「〜すぎる」를 사용해 문장을 완성하세요.

> 예　このパソコンは高い、買えない
>
> ➡ このパソコンは高すぎて、買えません。

❶ 使い方が複雑だ、わからない ➡ ________________________

❷ お酒を飲む、きもちが悪い ➡ ________________________

❸ へやが狭い、全員入れない ➡ ________________________

❹ わらう、おなかが痛い ➡ ________________________

❺ 雨がひどい、帰れない ➡ ________________________

3 다음 예문과 같이 「〜やすい / にくい」를 사용해 문장을 완성하세요.

> 예 この字、小さい、読む
> → この字は小さいので読みにくいです。

❶ このくつ、大きい、歩く ➡ ___________________________

❷ この薬、甘い、飲む ➡ ___________________________

❸ このペン、なめらかだ、書く ➡ ___________________________

❹ このテレビ、画面が大きい、見る ➡ ___________________________

❺ この道、狭い、通る ➡ ___________________________

4 다음 일본어를 한국어로, 한국어를 일본어로 옮기세요.

❶ 子どもたちがうるさすぎて、テレビの音が聞こえない。

➡ ___________________________

❷ このコップはこわれやすい。

➡ ___________________________

❸ 선물을 사기 위해서 백화점에 갔습니다.

➡ ___________________________

❹ 다이어트를 위해서 매일 아침 운동하기 시작했습니다.

➡ ___________________________

새로운 단어

図書館(と「しょ」かん) 도서관　　ドラマ 드라마　　ダイエット 다이어트
プレゼント 선물 〈영어의 present〉　　アルバイト 아르바이트　　就職(しゅ「うしょく) 취직
履歴書(り「れきしょ) 이력서　　使い方(つ「かいかた) 사용방법　　き「もち 기분
悪い(わ「る」い) 나쁘다　　狭い(せ「ま」い) 좁다　　全員(ぜ「んいん) 전원　　わ「らう 웃다
ひ「ど」い 심하다　　甘い(あ「まい) 달다　　なめ「らかだ 매끈매끈하다

track 12

1 그림을 보고 「〜すぎる」를 사용해 이야기해 보세요.

예
A どうしたんですか。
B <u>お酒を飲み</u>すぎました。

お酒を飲む

❶ 

ごはんを食べる

❷ 

シャツが大きい

❸ 

さとうを入れる

❹ 

テストがむずかしい

❺ 

ズボンがみじかい

❻ 

おみやげを買う

2 다음 예문과 같이 「〜やすい/にくい」를 사용해 이야기해 보세요.

> **예**
>
> ⓐ きれいな字　　　ⓑ 読む
>
> A　ⓐ<u>きれいな字</u>ですね。
> B　ええ、とても ⓑ<u>読み</u>やすいです。

① ⓐ 小さいテレビ　　　　　　ⓑ 見る

➡ ______________________________

② ⓐ すてきなくつ　　　　　　ⓑ はく

➡ ______________________________

③ ⓐ 古（ふる）いパソコン　　　　　　ⓑ 使う

➡ ______________________________

④ ⓐ 大きいハンバーガー　　　　ⓑ 食べる

➡ ______________________________

⑤ ⓐ 太（ふと）いペン　　　　　　ⓑ 持（も）つ

➡ ______________________________

⑥ ⓐ ______________　　　　ⓑ ______________

➡ ______________________________

> **새로운 단어**
>
> シャツ 셔츠　　さ「と」う 설탕　　ズ「ボ」ン 바지　　み「じか」い 짧다
> お「みやげ 선물 〈여행지 등에서 사오는 그 지방의 특산물〉　　す「てきだ 멋지다　　く「つ」 구두
> は「く (구두 등을) 신다　　古い(ふ「る」い) 오래되다, 낡다　　ハ「ンバ」ーガー 햄버거
> 太い(ふ「と」い) 굵다　　持つ(も「つ) 가지다, (손에) 들다

응용연습

● 주어진 단어를 사용해 다음 예문과 같이 이야기해 보세요.

예

| A 店員   B 客 |

ⓐ ちゃいろいくつ　ⓑ はく　ⓒ 小さい　ⓓ 大きい

A　いらっしゃいませ。

B　ⓐちゃいろいくつが買いたいんですが。

A　こちらはいかがですか。
　　とてもⓑはきやすいんですよ。

B　ちょっとⓒ小さすぎますね。もっとⓓ大きいのはありませんか。

A　では、こちらはいかがですか。

B　いいですね。じゃ、これにします。

❶　ⓐ 黒いかばん　　ⓑ もつ　　　　ⓒ 高い　　　　ⓓ 安い

　➡ ____

❷　ⓐ ピアス　　　　ⓑ つける　　　ⓒ はでだ　　　ⓓ じみだ

　➡ ____

❸　ⓐ いす　　　　　ⓑ すわる　　　ⓒ 低い（ひく）　ⓓ 高い

　➡ ____

❹　ⓐ デジカメ　　　ⓑ 使う　　　　ⓒ 大きい　　　ⓓ 小さい

　➡ ____

새로운 단어

ちゃ「いろい 갈색이다　　ピ「アスをつける 귀걸이를 하다
は「で」だ (색깔, 옷차림, 행동 등이) 화려하다　　じ「み」だ 수수하다　　い「す 의자　　す「わる 앉다
低い(ひ「く」い) 낮다 ↔ 高い(た「か」い) 높다　　デ「ジカメ 디지털 카메라〈デジタルカメラ의 준말〉

急 きゅう・いそ(ぐ)	急	急				
小 しょう・ちい(さい)	小	小				
説 せつ・と(く)	説	説				
始 し・はじ(める)	始	始				
姉 し・あね	姉	姉				
歩 ほ・ある(く)	歩	歩				
解 かい・と(く)	解	解				
悪 あく・わる(い)	悪	悪				
持 じ・も(つ)	持	持				
低 てい・ひく(い)	低	低				

05

<ruby>前<rt>まえ</rt></ruby>に<ruby>旅行<rt>りょ こう</rt></ruby>に<ruby>来<rt>き</rt></ruby>た<ruby>時<rt>とき</rt></ruby>、
<ruby>行<rt>い</rt></ruby>こうとしたんですが

track 14

渡辺 パクさん、富士山は知っていますよね。行ったことはあり
ますか。

パク もちろん知っています。前に旅行に来た時、行こうとしたん
ですが、時間がなくて行けなくて。行ってみたいと思って
いました。

渡辺 そうですか。じゃー、来週の土曜日に、一緒に見に行きま
せんか。

パク えっ、本当ですか。

渡辺 せっかく日本にいるんですからね。

パク ありがとうございます。
土曜日は何時ごろ出発しますか。

渡辺　　朝の8時半に出発するつもりです。

パク　　わかりました。

渡辺　　その日天気がよかったら、きれいな富士山が見られるはず
　　　　ですよ。

パク　　じゃー、カメラをわすれないで持って行きますね。

旅行(りょ「こう) 여행　　富士山(ふ「じさん) 후지산 〈일본에서 가장 높은 산, 3776m〉
えっ 뭐라고, 어 〈놀라거나 의아해할 때 내는 소리〉　　せ「っかく 모처럼
出発する(しゅ「っぱつする) 출발하다　　朝(あ「さ) 아침　　カ「メラ 카메라　　わ「すれる 잊다, 망각하다

1 동사의 의지형 ~하자

▶ **동사의 의지형 만들기**

1그룹동사 어미 う단을 お단으로 바꾸고 う를 붙인다.

かく ➜ か**こう**   のむ ➜ の**もう**

つくる ➜ つく**ろう**   あう ➜ あ**おう**

かえる(帰る) ➜ かえ**ろう**(帰ろう)

2그룹동사 어미 る를 없애고 よう를 붙인다.

おきる ➜ おき**よう**   とめる ➜ とめ**よう**

たべる ➜ たべ**よう**

3그룹동사 각각 불규칙적으로 변한다.

する ➜ **しよう**   くる ➜ **こよう**

상대방에게 말할 때는 권유를 나타내며, 정중형은 ましょう이다.

2 ~(よ)うとする ~하려고 하다

「동사의 의지형＋とする」는 시도한 행위가 달성되지 않은 상태 또는 행해지기 직전의 상태를 나타낸다.

예 バスに乗ろ**うとした**が、満員だった。

家を出**ようとした**時、電話が鳴った。

3 ~つもりだ ~할 예정[작정]이다

본인의 희망이나 의지를 나타내는 표현이며「동사의 기본형 / ない형＋つもりだ」로 접속한다. 어디까지나 본인의 희망사항으로 확실하게 정해진 것이 없을 때 쓰기 때문에, 구체적

으로 정해진 일에는 사용하지 않는다.

- 私は明日出張に行くつもりです。(×)
- 私は明日出張に行くことになりました。(○)

「동사 과거형(た형) + つもりで」는 '~한 셈 치고'라는 뜻.

예 夏休みはアルバイトをする**つもりです**。

　　日曜日のパーティーには行かない**つもりだ**。

　　一年生にもどった**つもりで**がんばります。

4　조건형　たら　～하면, ～했으면

조건을 나타내며, 조건형 중 구어체에서 가장 많이 사용된다. 일반적인 것보다 개별적인 사항에 대해 주로 사용하고, 접속 방법은 「동사 / い형용사 / な형용사 / 명사의 과거형 보통체 + たら」이다. X たら Y가 쓰이는 경우는 아래와 같다.

X가 성립하면 Y도 성립.

예 明日雨がふらなかっ**たら**、あそびに行きましょう。(조건)

X가 실현됐을 때 Y가 이루어짐.

예 駅につい**たら**連絡してください。

X를 했더니 [동사 + たら] 그 다음에 Y가 됨.

예 本を買っ**たら**お金がなくなった。

5　～はず　～일 것이다

접속 형태는 「동사의 기본형 + はずだ」「な형용사의 な형 + はずだ」「명사 + のはずだ」. 객관적인 이유가 있어서 '당연히 ~일 것이다'라는 확실한 추측을 나타낸다. 말하는 사람의 의지가 들어 있는 행위에는 사용하지 않는다.

- 私は今日風邪をひいたから学校には行かないはずです。(×)

예 今日は月曜日だから、金さんは学校に来ているはずだ。

兄は２時に家を出ましたから、３時にはそこに着くはずです。

教室にだれもいないから、しずかなはずです。

6 　～ないで　　　　　　　　　　　　　　～하지 않고

「동사의 ない형 + ないで」는 문어체 표현인 「～ずに」와 거의 같다.

예 朝ごはんを食べないで学校に来ました。 (부대상황)

おにぎりを買わないで、サンドイッチを買いました。 (~하는 대신에)

7 　～と思う　　　　　　　　　　　　　　～라고 생각하다

접속 형태는 「동사 / い형용사 + と思う」「명사 / な형용사 + だと思う」이며, 말하는 사람의 개인적·주관적인 생각을 나타낸다.

예 明日のテストにこの問題が出ると思う。

このかばんは高すぎると思います。

明日も天気がいいと思います。

電子辞書は便利だと思います。

それは何だと思いますか。

満員(ま「んいん) 만원　　鳴る(な「る) 소리가 나다, 울리다　　駅(え「き) 역

朝ごはん(あ「さご「はん) 아침밥　　おにぎり(お「に「ぎり) 주먹밥　　サンドイッチ(サ「ンドイ「ッチ) 샌드위치

電子辞書(で「んしじ「しょ) 전자사전

일본의 음식 스시 寿司

스시는 어패류를 초밥 위에 얹어 먹는 요리이다. 초밥 위에 얹는 재료로는 신선한 어패류 등을 포를 뜨거나 껍질을 벗겨 만든 회가 일품이다. 하지만 식초에 절인 고등어, 조미하거나 구운 아나고(붕장어), 다시를 넣어 구운 달걀말이 등과 같이 조리한 음식, 아보카도 등을 얹어 먹어도 새롭다. 초밥은 한 입에 들어갈 사이즈로 손바닥에 올려놓고 손가락을 살짝 오므려 형태를 만든 다음, 초밥과 생선 사이에 와사비를 넣는데 손으로 움켜쥔다 하여 '니기리 즈시(にぎりずし)'라 한다.

▲ 니기리즈시(にぎりずし)와 노리마키(のりまき)

▲ 치라시즈시(ちらしずし)

또한, 주재료와 밥이 분리되지 않도록 김을 말아 싸기도 하는데 이를 '노리마키 (のりまき, 김말이)'라고 하며, 유부초밥을 '이나리즈시(いなりずし)', 그릇이나 큰 용기에 초밥을 담고 그 위에 여러 가지 스시 재료를 흩어 뿌려 먹는 것을 '치라시즈시(ちらしずし)'라고 한다. 초밥에서 빠트릴 수 없는 것이 고추냉이인데 일본어로는 '와사비(わさび)'라고 한다. 뿌리를 강판에 갈아서 사용하기도 하지만 갈아진 상태로 튜브에 넣어 시판되는 것을 주로 이용한다. 어린이는 '사비누키(さびぬき)'라고 하여 와사비를 빼서 먹기도 한다. 방금 만들어낸 스시를 손으로 집어 한 입에 넣어 먹는 것이 전통적인 방법인데, 근래에는 젓가락으로 먹는 경우도 많다.

프로 스시 요리사가 되기 위해서는 '밥짓기 3년에 만들기 8년'이라는 말처럼 약 10년의 수행이 필요하다고 하나 정해진 법규나 특별한 자격이 있는 것은 아니다.

1 아래 단어를 의지형으로 바꾸고 그 뜻을 쓰세요.

	의지형	뜻		의지형	뜻
あるく			たべる		
いそぐ			いる		
やすむ			おきる		
かう			みる		
のる			おりる		
まつ			くる		
あそぶ			べんきょうする		
はたらく			サッカーをする		

2 다음 예문과 같이 「조건형 たら」를 사용해 문장을 완성하세요.

> **예** 雨がふる、出かけない ➡ 雨がふっ**たら**、出かけません。

❶ パーティーが楽しくない、途中で帰る ➡ _______________

❷ 駅まで歩く、30分かかる ➡ _______________

❸ 気分が悪い、休んでもいい ➡ _______________

❹ エレベーターが来ない、階段で行く ➡ _______________

❺ エアコンが故障する、人をよぶ ➡ _______________

3 다음 예문과 같이 「〜ないで」를 사용해 문장을 완성하세요.

> 예 辞書を見る、テストをうける
>   ➡ 辞書を見ないで、テストをうけます。

❶ コートを着る、出かける ➡ ______________________

❷ コーヒーにミルクを入れる、飲む ➡ ______________________

❸ 晩ごはんを食べる、ねた ➡ ______________________

❹ 電話をする、行った ➡ ______________________

❺ 食器をかたづける、帰る ➡ ______________________

4 다음 일본어를 한국어로, 한국어를 일본어로 옮기세요.

❶ タクシーに乗れば、2時半には着くはずだ。

➡ ______________________

❷ エレベーターに乗ろうとしたが、故障していた。

➡ ______________________

❸ 오늘은 집에서 느긋하게 보낼 생각입니다.

➡ ______________________

❹ 함께 도서관에서 일본어 공부를 하자.

➡ ______________________

새로운 단어

出かける (でかける) 외출하다   途中 (とちゅう) 도중   かかる 걸리다   気分 (きぶん) 기분
エレベーター 엘리베이터   階段 (かいだん) 계단   故障する (こしょうする) 고장 나다
よぶ 부르다   コート 코트, 외투   ミルク 우유   食器 (しょっき) 식기
かたづける 정리하다, 정돈하다

◉ track **15**

1 다음 예문과 같이 동사의 의지형 「〜よう」를 사용해 문장을 완성하세요.

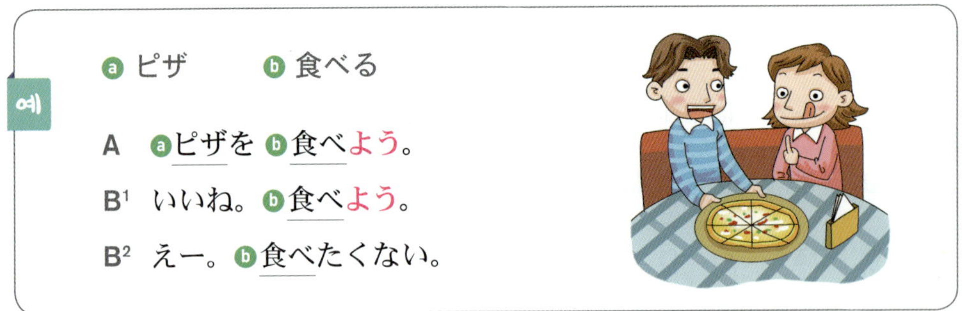

2 다음 예문과 같이 「つもりだ」를 사용해 문장을 완성하세요.

예

ⓐ 今晩（こんばん）　ⓑ まっすぐ家に帰ります

A ⓐ 今晩、何をしますか。
B ⓑ <u>まっすぐ家に帰る</u>つもりです。

❶ ⓐ 週末（しゅうまつ）　　　　　　ⓑ 家でゆっくりします

➡ ____________________________________

❷ ⓐ 次（つぎ）の土曜日　　　　　　ⓑ かみを切（き）りに行きます

➡ ____________________________________

❸ ⓐ 明日　　　　　　　　　　　　ⓑ 友達に会います

➡ ____________________________________

❹ ⓐ 夏休みに　　　　　　　　　　ⓑ ダイエットをします

➡ ____________________________________

❺ ⓐ 誕生日（たんじょうび）に　　　ⓑ ____________________

➡ ____________________________________

❻ ⓐ ____________________　　　ⓑ ____________________

➡ ____________________________________

새로운 단어

ピ「ザ 피자　　デ「パート 백화점　　北海道（ほ「っか「いどう）북해도〈일본 열도의 제일 북단에 있는 섬, 눈 축제로 유명하다〉　　プ「ール 수영장　　こ「うちゃ 홍차　　音楽（お「んがく）음악

買い物する（か「いものする）쇼핑하다　　今晩（こ「んばん）오늘 밤　　ま「っす「ぐ 곧장, 똑바로

週末（しゅ「うまつ）주말　　ゆ「っく「りする 천천히 하다, 느긋하게 하다　　次（つ「ぎ）다음

か「み」머리카락　　切る（き「る）자르다〈1그룹 예외동사〉　　誕生日（た「んじょ「うび）생일

● 아래의 각 상황에 맞게 이야기해 보세요.

예

A もし、＿＿＿＿＿＿たら、何をしますか？

B わたしは、＿＿＿＿＿＿＿＿＿＿。

❶ 宝<ruby>宝<rt>たから</rt></ruby>くじで1000万円あたる

❷ あなたが先生

❸ あなたが男<ruby>男<rt>おとこ</rt></ruby>／女<ruby>女<rt>おんな</rt></ruby>

❹ 明日が地球<ruby>地球<rt>ちきゅう</rt></ruby>の最後<ruby>最後<rt>さいご</rt></ruby>の日

❺ あなたが国<ruby>国<rt>くに</rt></ruby>の大統領<ruby>大統領<rt>だいとうりょう</rt></ruby>

❻ _______________

❼ _______________

새로운 단어

もし 만약　　宝くじ(た「からく「じ) 복권　　あ「たる 당첨되다　　男(お「とこ) 남자

女(お「んな) 여자　　地球(ち「きゅう) 지구　　最後(さ「いご) 최후　　国(く「に) 나라

大統領(だ「いと「うりょう) 대통령

旅 りょ・たび	旅	旅			
行 こう・い(く)	行	行			
発 はつ／ぱつ	発	発			
満 まん	満	満			
駅 えき	駅	駅			
音 おん・おと	音	音			
楽 がく／らく	楽	楽			
切 せつ・き(る)	切	切			
地 ち／じ	地	地			
球 きゅう・たま	球	球			

韓国に帰ろうと思っています

track 16

박민지가 기무라와 여름방학 계획에 대해 이야기하고 있습니다.

木村　ミンジちゃん、夏休みは何をするつもり。

パク　韓国に一ヶ月ぐらい帰ろうと思ってるの。

木村　そうなんだ。

パク　母も会いたがっているから。

木村　そうだよね。そりゃ、さびしがってるだろうね。

パク　私も少しホームシック気味なの。

木村　家族に会って、ゆっくりしてきたらいいよ。

パク　うん、そうするわ。ところで、木村先輩は夏休みに
　　　何をするの。

木村　ともだちがサーフィンを始めたいと言うんで、一緒に
　　　海に行こうと思ってる。

パク　　え、木村先輩サーフィンできるの。

木村　　うん。大学１年のときに始めたんだけど。大好きなん

　　　　だよ。それで、夏になると海に行きたくなるんだ。

パク　　じゃ、夏休みが待ち遠しいね。

一ヶ月(い「っか「げつ) 1개월　　母(は「は) 어머니 〈자기의 어머니를 남에게 이야기할 때〉
そ「りゃ 그것은 〈それは의 축약형〉　　さ「びし「い 쓸쓸하다　　ホ「ームシック 향수병
〜気味(ぎ「み) 느낌, 기색 〈어떤 상태, 경향이 있음을 나타내는 말〉　　サ「ーフィン 서핑
待ち遠しい(ま「ちどおし「い) 몹시 기다려지다

1 ～(よ)うと思う

~하려고 생각하다

「동사의 의지형＋と思う」는 자신이 어떤 행위를 할 의지가 있음을 상대에게 전하는 표현이다.

예 今日からダイエットを始め**ようと思う**。

来年、日本へ留学し**ようと思う**。

2 ～がる

~해 하다

「い형용사의 어간 / な형용사의 어간＋がる」「동사의 ます형＋たがる」는 '～해 하다' '～싶어 하다' 라는 뜻으로, 3인칭 주어의 요망이나 신체적 감각, 감정 등을 나타낸다.
1인칭 주어의 문장에서 ～たい를 쓸 때는 조사 が를 사용하고, ～たがる를 쓸 때는 조사 を를 사용한다.

예 猫がえさをほし**がって**ないている。

たばこをいや**がる**女の人は多いです。

彼は本を読み**たがって**いる。

3 조건형 と

~(하)면

조건 표현이며 「동사의 기본형＋と」「정중체 です / ます＋と」 형태로 접속한다.
주로 일반적인 것에 대해 사용하고, X하면 자동적·자연 발생적으로 Y가 일어나는 관계를 나타낸다.

예 春になる**と**、桜の花がさきます。

この道を右にまがる**と**、図書館があります。

<table><tr><td>**4**</td><td>**〜と言う**</td><td>〜라고 (말)하다</td></tr></table>

「동사 / い형용사＋と言う」「명사 / な형용사＋だと言う」의 형태로 다른 사람이 말한 것을 인용할 때 쓰는 표현이다.

예 彼女が寒いと言うので、エアコンをつけました。

父は長い休みがほしいと言いました。

<table><tr><td>**5**</td><td>**〜てくる/ていく**</td><td>〜하고 오다 / 하고 가다</td></tr></table>

「동사의 て형＋くる/いく」의 형태로, '어떤 행위를 하고 나서 오다/가다'라는 뜻을 나타낸다.

예 ちょっと切符を買ってきます。

つかれたから、ここで休んでいきましょう。

え「さ」 먹이　鳴く(な「く) (새, 벌레, 짐승 등이) 울다　桜(さ「くら) 벚꽃　花(は「な」) 꽃

さ「く 피다　右(み「ぎ) 오른쪽　左(ひ「だり) 왼쪽　ま「がる 구부러지다, (모퉁이 등을) 돌다

父(ち「ち) 아버지 〈자기의 아버지를 남에게 말할 때〉　長い(な「が」い) 길다　切符(き「っぷ) 표

つ「かれ」る 지치다, 피로해지다

1 다음 예문과 같이 「〜(よ)うと思う」 문형을 사용해 문장을 완성하세요.

> 예
> 明日、美術館に行く
> ➡ 明日、美術館に行こうと思っています。

❶ 今日は、まっすぐ帰る ➡ ___________________________

❷ 今年、日本語能力試験のN1級をうける ➡ ___________________________

❸ 夏休みは、オーストラリアに行く ➡ ___________________________

❹ 家に帰るまえに、本屋に寄る ➡ ___________________________

❺ 将来、デザイナーになる ➡ ___________________________

2 다음 예문과 같이 조건형 「と」를 사용해 문장을 완성하세요.

> 예
> 秋になります、果物がおいしい
> ➡ 秋になると、果物がおいしいです。

❶ 甘い物をたくさん食べます、太る ➡ ___________________________

❷ 歳をとります、わすれやすくなる ➡ ___________________________

❸ 早く行きません、ちこくする ➡ ___________________________

❹ 運動します、汗をかく ➡ ___________________________

❺ まわりがうるさいです、集中しにくい ➡ ___________________________

3 다음 예문과 같이 「〜と言う」 문형을 사용해 문장을 완성하세요.

> **예** 友達、新しいくつがほしいです
> ➡ 友達は新しいくつがほしい**と言いました**。

❶ 田中さん、パーティーに行きません ➡ _______________

❷ イさん、背_せの高い人が好きです ➡ _______________

❸ 木村さん、タイは暑かったです ➡ _______________

❹ キムさん、テストは簡単じゃありません ➡ _______________

❺ 佐藤さん、9時に間に合いません ➡ _______________

4 다음 일본어를 한국어로, 한국어를 일본어로 옮기세요.

❶ あの交差点_{こうさてん}を左にまがると、駐車場_{ちゅうしゃじょう}があります。

➡ _______________

❷ 卒業_{そつぎょう}したら美術館で働_{はたら}こうと思います。

➡ _______________

❸ 여름방학에는 아르바이트를 하려고 생각합니다.

➡ _______________

❹ 비가 올 것 같으므로 우산을 가지고 갑니다.

➡ _______________

새로운 단어

日本語能力試験(にほんごのうりょくしけん) 일본어 능력시험　　〜級(きゅう) 〜급

オーストラリア 오스트레일리아, 호주　　本屋(ほんや) 책방, 서점　　寄る(よる) 들르다, 접근하다

将来(しょうらい) 장래　　デザイナー 디자이너　　果物(くだもの) 과일

太る(ふとる) 살찌다, 굵어지다　　歳をとる(としをとる) 나이를 먹다

汗をかく(あせをかく) 땀을 흘리다　　まわり 주위　　集中する(しゅうちゅうする) 집중하다

背(せ) 키　　タイ 태국　　交差点(こうさてん) 교차로　　駐車場(ちゅうしゃじょう) 주차장

卒業(そつぎょう) 졸업　　働く(はたらく) 일하다, 근무하다

🔘 track 17

1 다음 예문을 보고 조건형「と」를 사용해 이야기해 보세요.

예

ⓐ 銀行　ⓑ あの交差点を左にまがります　ⓒ 右側（がわ）

A ⓐ銀行はどこですか。

B ⓑあの交差点を左にまがると、
　ⓒ右側にあります。

A そうですか。ありがとうございます。

① 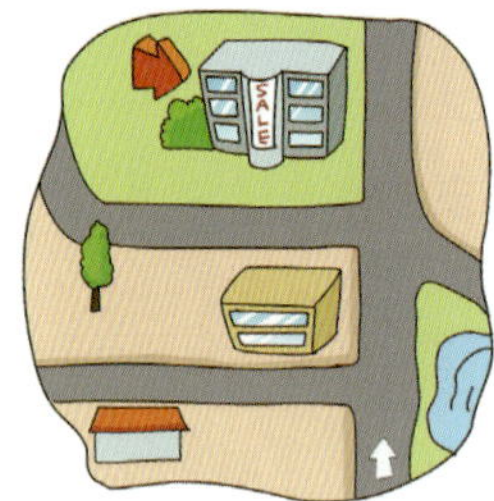

ⓐ さくらデパート
ⓑ 二つ目（め）のかどを左にまがります
ⓒ 右側

② 

ⓐ 駐車場
ⓑ あの交差点を右にまがります
ⓒ 左側

③ 

ⓐ 交番（こうばん）
ⓑ まっすぐ行って橋（はし）をわたります
ⓒ 右側

④ 

ⓐ 市役所（しやくしょ）
ⓑ まっすぐ行きます
ⓒ つきあたり

2 다음 예문과 같이 「～がる」를 사용해 이야기해 보세요.

> **예**
>
> ⓐ くつがほしい　　ⓑ 一緒に買いに行きます
>
> A　彼女/彼氏の誕生日に、何をするつもり。
> B　ⓐ <u>くつをほし**がって**いるから、</u>
> 　　ⓑ <u>一緒に買いに行く</u>つもり。

❶ ⓐ おいしい料理が食べたい　　ⓑ VIPSに連れて行きます

　➡ ____

❷ ⓐ 東京ディズニーランドに行きたい　　ⓑ いっしょに行きます

　➡ ____

❸ ⓐ 映画を見たい　　ⓑ 映画館に行きます

　➡ ____

❹ ⓐ 遊園地でデートしたい　　ⓑ 遊園地に連れて行きます

　➡ ____

❺ ⓐ ピアスがほしい　　ⓑ 一緒に見に行きます

　➡ ____

❻ ⓐ _______________________　　ⓑ _______________________

　➡ ____

새로운 단어

～側(が「わ) ～측, 편　　～目(め「) ～째(순번)　　か「ど 모퉁이　　交番(こ「うばん) 파출소

橋(は「し) 다리　　市役所(し「や「くしょ) 시청　　つ「きあたり 막다른 곳

連れる(つ「れる) 데리고 가다[오다]　　東京(とうきょう「)ディ「ズニーランド「 도쿄 디즈니랜드

遊園地(ゆ「うえ「んち) 유원지　　デ「ートする 데이트하다

응용연습

● 예문을 읽고 아래 표에 자신의 계획을 써 보세요. 그리고 두 명을 인터뷰하여 표를 채우세요.

예

A キムさんは授業のあと何をしようと
思っていますか。

B 私はチキンを食べに行こうと
思っています。

名前	私	～さん	～さん
授業のあと			
明日			
今週末			
卒業したら			
将来			

새로운 단어

授業(じゅ¹ぎょう) 수업　　あ¹と 뒤, 나중　　今週末(こ¹んしゅ¹うまつ) 이번 주말

春 しゅん・はる	春	春				
長 ちょう・なが(い)	長	長				
本 ほん・もと	本	本				
屋 おく・や	屋	屋				
寄 き・よ(る)	寄	寄				
太 た/たい・ふと(る)	太	太				
汗 あせ	汗	汗				
背 はい・せ	背	背				
働 どう・はたら(く)	働	働				
連 れん・つ(れる)	連	連				

もしひまなら
一緒に行かない

박민지가 학교에서 기무라와 이야기하고 있습니다.

パク　木村先輩。明日、ひま。もしひまなら一緒に東京
　　　タワーを見に行かない。

木村　あれ。まだ行ったことないの。

パク　うん。写真で見たことはあるんだけど。

木村　そっか。いいね。じゃー、行こうか。

パク　やったー。

木村　ほかに行きたいところはある。

パク　うーん、浅草に行きたいな。あと、お台場にも行きたい。

木村　浅草は東京タワーからちょっと遠いなー。お台場なら、
　　　浅草ほど遠くないし、どう。

パク　そっか。じゃ、浅草は今度、行くことにするね。

木村　　じゃー、明日は東京タワーとお台場だね。

パク　　何時にどこで会おうか。

木村　　東京タワーに行くなら地下鉄の都営大江戸線に乗れば
　　　　いいから、新宿駅の東口で10時に会おうよ。

パク　　うん。わかった。

木村　　明日は天気もいいだろうし、
　　　　楽しみだね。

東京タワー(と「うきょうタ「ワー) 도쿄 타워 〈높이 333m〉　　あ「れ? 어?, 어라? 〈놀라거나 이상히 여길 때 내는 소리〉
や「った「あ 해냈다, 야호 〈일이 잘되었을 때 기뻐서 하는 말〉　　ほ「かに 그 밖에
浅草(あ「さくさ) 아사쿠사 〈도쿄의 지명. 대중적인 유흥가로 유명하며, 옛 일본을 엿볼 수 있는 곳〉
お台場(お「だいば) 오다이바 〈도쿄에 있음. 에도 시대 말기 해안경비를 위해 만든 포대〉
地下鉄(ち「かてつ) 지하철　　都営(と「えい) 도영 〈東京都(とうきょうと)가 직접 경영하는 사업〉
大江戸線(お「おえどせん) 오에도선 〈도쿄 지하철 노선의 하나〉　　新宿(し「んじゅく) 신주쿠, 도쿄의 부도심　　東
口(ひ「がしぐち) 동쪽 출구

1 조건형 **なら**   ~라면, ~한다면

「명사 / 동사의 기본형 / い형용사 / な형용사의 어간+なら」는 '실정이 그러하다면'이란 뜻을 가지고 있는 조건 표현이다. 상대방의 말이나 당시 상황을 근거로 삼아 자신의 의견·의향을 나타낼 때 쓰며, 자연스럽게 일어나는 일이나 당연한 사실에는 사용하지 않는다. 또 어떤 것을 행할 때 제일 좋은 수단이나 방법을 권할 때 사용되기도 한다.

예 土曜日、休み**なら**、映画を見に行きませんか。 (가정)

この本が読みたい**なら**、貸してあげよう。

体がじょうぶ**なら**、どんなしごとでもできます。

ここから新宿に行く**なら**、バスのほうが安いですよ。 (추천)

2 **~だろう**   ~일 것이다

「명사 / 동사의 기본형 / い형용사 / な형용사의 어간+だろう」 형태로 접속하며, 정중형은 「~でしょう(~이겠죠)」이다. 말하는 사람의 단순한 추측이나 짐작을 나타내는 표현이다. 따라서 말하는 사람의 의지적인 행동에는 사용하지 않는다(× 私は来年結婚するだろう). 상대방의 의향이나 동의를 구할 때는 「~だろう」의 끝을 올려 말한다.

예 道路は混んでいるから、地下鉄で行くのが一番速い**だろう**。

ソウルは寒い**だろう**から、暖かくして行ったほうがいいですよ。

3 조건형 **ば**   ~하면

조건을 나타내며 たら, と, なら와 부분적으로 용법이 중복된다. 특정한 사람이나 일이 아닌 일반적인 일에 대한 조건 관계를 나타내며, 'X가 성립하면 반드시 Y가 성립한다'는 의미를 갖는다. 또 'X가 성립하면 그때 Y가 성립한다'는 뜻의 반복적 습관을 나타내는 용법도 있다.

 A : 切符を買いたいんですが。

B : そのボタンを押せば、切符が出ますよ。 (조건)

祖母は天気がよければ毎朝さんぽをします。 (반복적 습관)

▶ 동사의 ば형 만들기(동사의 가정형)

1그룹동사 어미 う단을 え단으로 바꾸고 ば를 붙인다.

かく ➡ かけば   のむ ➡ のめば

つくる ➡ つくれば   あう ➡ あえば

かえる(帰る) ➡ かえれば (帰れば)

2그룹동사 어미 る를 없애고 れば를 붙인다.

おきる ➡ おきれば   とめる ➡ とめれば

たべる ➡ たべれば

3그룹동사 각각 불규칙적으로 변한다.

する ➡ すれば   くる ➡ くれば

▶ 「い형용사의 어간 + ければ」「な형용사의 어간/명사 + なら(ば)」

부정은 「동사 ない형 / い형용사 ない형＋ければ」이다.

	기본형	기본형+ば	ない형	ない형+ば
1그룹동사	かく	かけば	かかない	かかなければ
2그룹동사	たべる	たべれば	たべない	たべなければ
3그룹동사	する	すれば	しない	しなければ
	くる	くれば	こない	こなければ
い형용사	たかい	たかければ	たかくない	たかくなければ
な형용사	げんき	げんきなら(ば)	げんきじゃない	げんきじゃなければ
명사	あめ	あめなら(ば)	あめじゃない	あめじゃなければ

주의 ある → あれば、ない → なければ

4 **〜ほど〜ない** 〜만큼 〜하지 않다

「명사/동사의 보통체＋ほど〜ない」「XはYほど〜ない」의 형태로 접속한다. Y를 기준으로 'X는 Y만큼은 아니다'라는 의미를 나타낸다.

예　東京は北海道ほど寒くない。

　　試験は思っていたほどむずかしくありませんでした。

5 **동사의 기본형 + ことにする** 〜하기로 하다

「동사의 기본형 / ない형＋ことにする」는 자신의 의지로 '〜하기로 하다'라는 결의 · 결심을 나타낸다.

예　来年、日本に留学することにしました。

　　夏休みには韓国に帰らないことにした。

새로운 단어

貸す(か「す) 빌려 주다　　道路(ど「うろ) 도로　　混む(こ「む) 붐비다　　ボ「タン 버튼, 단추

押す(お「す) 누르다　　祖母(そ「ぼ) 할머니 〈자기의 할머니를 남에게 말할 때〉

毎朝(ま「いあさ) 매일 아침　　さ「んぽする 산책하다　　留学(りゅ「うがく) 유학

식사매너

한국에서는 숟가락과 젓가락을 사용하기 때문에 먹을 때는 그릇을 식탁에 놓고 수저를 사용한다. 그래서 밑이 평평하고 약간 무거운 그릇과 철제그릇이 많다. 일본에서는 젓가락을 중심으로 사용하기 때문에 먹을 때는 그릇을 들고 먹는다. 그래서 그릇은 재질과 무게, 그리고 열전도를 생각하여 가벼운 도기나 나무로 만든다. 일본에서 숟가락을 사용할 때는 카레 라이스, 스튜, 스프를 먹을 때, 아이스크림과 디저트를 먹을 때이다.

▲ 가벼운 도기나 나무로 만든 그릇

젓가락은 하시오키(はし置き 젓가락 받침)에 올려 놓으며 한국과 달리 가로로 놓는다.

이렇게 각 나라마다 그 나라에 맞는 문화가 있어 역사적으로 합리적이고 청결하게 먹는 식사법 기술이 함께 진보해왔다. 다음은 일본에서의 젓가락 사용 매너이다.

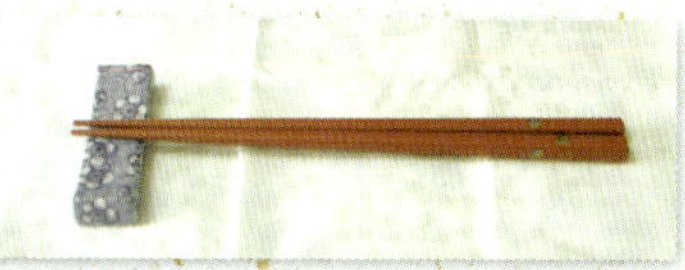

▲ 젓가락과 젓가락을 올려 놓는 하시오키(はし置き).

알아두어야 할 일본의 젓가락 매너

- **사시바시**(さしばし) : 음식을 젓가락으로 찍어서 먹는 것으로 예의에 어긋난다.

- **사구리바시**(さぐりばし) : 음식을 젓가락으로 헤집는 것으로 예의에 어긋난다.

- **요세바시**(よせばし) : 젓가락을 사용해 그릇을 앞으로 당기는 것으로 예의에 어긋난다.

- **아와세바시**(あわせばし) : 음식을 전할 때 젓가락에서 젓가락으로 전해서는 안 된다.

- **네부리바시**(ねぶりばし) : 식사 중에 젓가락을 빠는 것으로 식사예절에 어긋난다.

- **마요이바시**(まよいばし) : 젓가락을 들고 무엇을 먹을까? 망설이는 것으로 예의에 어긋난다.

1 다음 예문과 같이「～だろう」를 사용해 문장을 완성하세요.

> 예) 明日、もっと暑くなります
> ➡ 明日はもっと暑くなるだろう。

❶ このにもつ、たぶん彼のものです ➡ ______________________

❷ 鈴木さん、会議に来ません ➡ ______________________

❸ 明日、雨がふります ➡ ______________________

❹ 中国語を習う人、もっとふえます ➡ ______________________

❺ 彼だったら、日本語で手紙が書けます ➡ ______________________

2 다음 예문과 같이 조건형「～ば」를 사용해 문장을 완성하세요.

> 예) ボタンをおす、おつりが出る
> ➡ ボタンをおせば、おつりが出ます。

❶ レバーを下げる、ドアが開く ➡ ______________________

❷ 時間がない、今度会おう ➡ ______________________

❸ 練習する、じょうずになる ➡ ______________________

❹ 忙しくない、コンサートに行こう ➡ ______________________

❺ すこし待つ、雨はやむだろう ➡ ______________________

3 다음 예문과 같이 「동사+ことにする」를 사용해 문장을 완성하세요.

> 예 健康のために、たばこをやめます
> → 健康のために、たばこをやめることにしました。

❶ お金がないので、旅行に行きません ➡ ________________________

❷ ソウルの大学に、通^{かよ}います ➡ ________________________

❸ 病気^{びょうき}がひどくなったので、大学を休学^{きゅうがく}します ➡ ________________________

❹ 家賃^{やちん}があがったので、ひっこします ➡ ________________________

❺ 学校が始まったので、アルバイトをやめます ➡ ________________________

4 다음 일본어를 한국어로, 한국어를 일본어로 옮기세요.

❶ 今は忙しいですが、午後なら時間があります。

➡ ________________________

❷ 映画を見に行ったが、思っていたほどおもしろくなかった。

➡ ________________________

❸ 구두를 산다면 이탈리아제가 좋습니다.

➡ ________________________

❹ 손잡이를 내리면 잔돈이 나옵니다.

➡ ________________________

새로운 단어

た「ぶん 아마　　**会議**(か「いぎ) 회의　　も「っと 더, 더욱　　ふ「え る 늘다, 증가하다

お「つり 잔돈　　レ「バー (기계 조작용의) 손잡이　　下げる(さ「げ る) 내리다　　ド「ア 문

開く(あ「く) 열리다　　**練習する**(れ「んしゅうする) 연습하다　　コ「ンサート 콘서트

通う(か「よう) 다니다　　**病気**(びょ「うき) 병, 질환　　**休学**(きゅ「うがく) 휴학

家賃(や「ちん) 집세　　あ「がる 오르다　　ひ「っこ す 이사하다　　や「める 그만두다

1 다음 예문과 같이 조건형 「なら」를 사용해 이야기해 보세요.

예
ⓐ スペイン語を話す　　ⓑ 英語

A　ⓐスペイン語が話せますか。
B　ⓐスペイン語はちょっと……。
　　でも、ⓑ英語なら ⓐ話せます。

❶ ⓐ 土曜日、会う　　　　　　ⓑ 日曜日

➡ ____

❷ ⓐ 焼酎（しょうちゅう）を飲む　　　　　ⓑ ビール

➡ ____

❸ ⓐ カタカナを書く　　　　　ⓑ ひらがな

➡ ____

❹ ⓐ 野球（やきゅう）をする　　　　　　ⓑ サッカー

➡ ____

❺ ⓐ 明日の午前中、学校に来る　　ⓑ 明日の午後

➡ ____

❻ ⓐ _________________________　　ⓑ _________________

➡ ____

 다음 예문과 같이 「～ほど ～ない」를 사용해 이야기해 보세요.

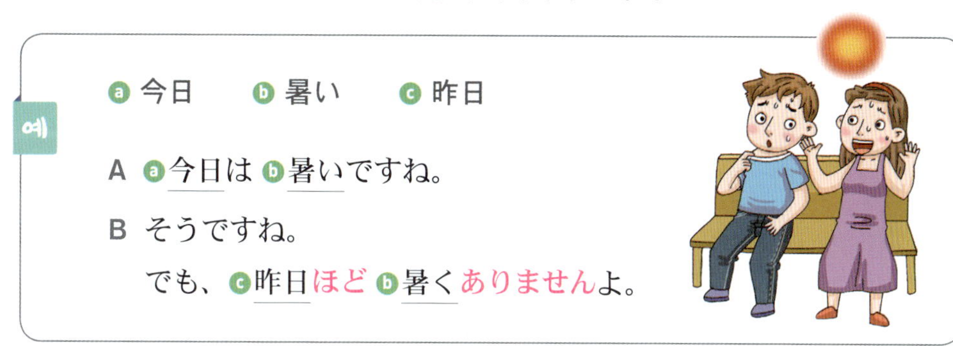

> ⓐ 今日　　ⓑ 暑い　　ⓒ 昨日
>
> A ⓐ今日は ⓑ暑いですね。
>
> B そうですね。
>
> 　　でも、ⓒ昨日ほど ⓑ暑くありませんよ。

❶ ⓐ この店^{みせ}　　ⓑ 高い　　ⓒ この前行った店

➡ ____

❷ ⓐ 今週　　ⓑ 忙しい　　ⓒ 先週

➡ ____

❸ ⓐ このホテル　　ⓑ きれい　　ⓒ 東京ホテル

➡ ____

❹ ⓐ あの人　　ⓑ すてき　　ⓒ タクヤさん

➡ ____

❺ ⓐ あの人　　ⓑ 頭がいい　　ⓒ イさん

➡ ____

❻ ⓐ ___________　　ⓑ ___________　　ⓒ ___________

➡ ____

焼酎(しょ「うちゅ「う) 소주　　野球(や「きゅう) 야구　　店(み「せ「) 가게

응용연습

● 다음 예와 같이 주어진 문장을 사용해 이야기해 보세요.

예
ⓐ どこに行く　　ⓑ 映画を見る

A ⓐどこに行けば、ⓑ映画が見られますか。
B 東京シネマに行けば、見られますよ。

❶ ⓐ どこに行く　　ⓑ おいしいやき肉を食べる

❷ ⓐ どこに行く　　ⓑ おいしいさしみを食べる

❸ ⓐ 何番のバスに乗る　　ⓑ さくらデパートに行く

❹ ⓐ どうする　　ⓑ 日本語をじょうずに話す

❺ ⓐ どこに行く　　ⓑ おしゃれな服を買う

❻ ⓐ どうする　　ⓑ チャン・ドンゴンに会う

❼ ⓐ どうする　　ⓑ 人気者になる

やき肉(や「きにく) 불고기, 구운 고기　　お「しゃ」れ 세련됨, 멋쟁이

人気者(に「んきもの) 인기 있는 사람

東	東	東				
とう・ひがし						
速	速	速				
そく・はや(い)						
開	開	開				
かい・あ(く)						
練	練	練				
れん						
通	通	通				
つう・かよ(う)						
病	病	病				
びょう						
気	気	気				
き						
休	休	休				
きゅう・やす(む)						
店	店	店				
てん・みせ						
肉	肉	肉				
にく						

08

エレベーターは使<ruby>わ<rt>つか</rt></ruby>ない
ようにしています

🎧 track 22

パク	鈴木先輩、ケーキ買ったんですけど、一緒に食べませんか。
鈴木	すみません。せっかくですけど……。
パク	えっ、どうしてですか。鈴木先輩は甘い物好きですよね。
鈴木	好きなんですけど、今ダイエットしているんです。
パク	えっ、そうなんですか。
鈴木	最近、少し太ってきたんです。この<ruby>前<rt>まえ</rt></ruby>買ったズボンがはけなくなってしまって、ショックだったんです。
パク	ダイエットですか。
鈴木	ええ。<ruby>野菜<rt>やさい</rt></ruby>を<ruby>中心<rt>ちゅうしん</rt></ruby>に食べるようにしています。それから、エレベーターは使わないようにしています。
パク	へー、そうなんですね。

鈴木　パクさんはスマートですけど、太らないように
　　　何かしていますか。

パク　別に何もしていないですよ。

鈴木　へー、うらやましいですね。

パク　じゃー、甘い物はあまり勧めないようにします。

鈴木　おねがいします。

甘い物(あまいもの) 단것, 단 음식　　この前(このまえ) 요전에　　ショック 쇼크, 충격
野菜(やさい) 채소　　中心に(ちゅうしんに) 중심으로　　スマート 날씬함, 재치 있음
何か(なにか) 무엇인가, 뭔가　　別に(べつに) 딱히, 별로　　何も(なにも) 아무것도
うらやましい 부럽다　　勧める(すすめる) 권하다, 장려하다

1 ～てくる

(점점 어떤 상태로) ~되어 오다 (개시)

과거에서 현재로 어떤 상태의 변화가 생기는 것을 나타낸다.

예 最近少し太っ**てきた**。

朝から何も食べていないので、お腹がすい**てきた**。

2 동사의 기본형/ない형+よう(に)

~하도록 / 하지 않도록

전후에 동사를 동반하여 '그와 같은 상태ㆍ상황을 성립시키기 위해 ~하도록/하지 않도록'의 뜻을 나타낸다. 또 듣는 사람에 대한 충고나 권고를 나타내는 경우도 있다. に는 생략될 때도 있다.

예 時間に間に合う**ように**、急いで準備しました。[목적]

忘れ物を**しないように**気をつけて。[권고]

3 ～てしまう

~해 버리다

동작의 과정이 완료되는 것을 나타낸다. 또한 문맥에 따라 유감이나 무의식적인 행위를 나타내기도 한다. 「～てしまう」는 회화체에서 「～ちゃう」가 된다.

예 この本はもう全部読ん**でしまいました**。[완료]

時間に遅れ**てしまいました**。[유감]

동사의 기본형 + ようにする
동사의 ない형 + ようにする

~하도록 하다

~하지 않도록 하다

'어떤 행위나 상황을 성립시키는 것을 목표로 노력하다, 유의하다, 배려하다'라는 뜻이다.
상대방에게 가벼운 주의를 줄 때는 뒤에 「～してください」가 온다.

예 　最近は階段を利用するようにしています。

できるだけ甘い物を食べないようにしています。

夜はひとりで出ないようにしてください。

5　동사의 가능형 + なくなる

~할 수 없게 되다

동사의 가능형 뒤에 「～なくなる」가 오면 어떤 일이 불가능하게 되었음을 나타낸다.

예 　寒くなったので、海で泳げなくなりました。

太ったので、ズボンがはけなくなりました。

새로운 단어

お腹がすく (お「なかがすく) 배가 고프다　　急ぐ (い「そ」ぐ) 서두르다

準備する (じゅ「んびする) 준비하다　　忘れ物 (わ「すれもの) 물건을 잊고 감[옴], 잊은 물건

気をつける (き「をつけ」る) 조심하다, 주의하다　　利用する (り「ようする) 이용하다

で「きるだけ 가능한 한

1 다음 예문과 같이 괄호 안의 단어와 「～ように」를 사용해 문장을 완성하세요.

> **예** 電車にのりおくれない**ように**、早く家を出ました。 [목적]
> （のりおくれる）

① ＿＿＿＿＿＿＿＿＿＿ように、メモしておきました。（約束を忘れる）

② ＿＿＿＿＿＿＿＿＿＿ように、朝早く起きました。（ちこくする）

③ 外から部屋の中が＿＿＿＿＿＿＿＿＿＿ように、カーテンをつけました。
（見える）

④ 年をとってから＿＿＿＿＿＿＿＿＿＿ように、貯金をしています。（困る）

⑤ ＿＿＿＿＿＿＿＿＿＿ように、気をつけてください。（忘れ物をする）

2 다음 예문과 같이 「～ないようにしてください」를 사용해 문장을 바꾸세요.

> **예** 授業中おしゃべりをする
> ➡ 授業中おしゃべりをし**ないようにしてください**。 [권고]

① 夜遅く電話をかける ➡ ＿＿＿＿＿＿＿＿＿＿＿＿＿＿

② 集合時間におくれる ➡ ＿＿＿＿＿＿＿＿＿＿＿＿＿＿

③ できるだけ授業に欠席する ➡ ＿＿＿＿＿＿＿＿＿＿＿＿

④ パスポートをなくす ➡ ＿＿＿＿＿＿＿＿＿＿＿＿＿＿

⑤ 病気の時に無理をする ➡ ＿＿＿＿＿＿＿＿＿＿＿＿

3 다음 일본어를 한국어로, 한국어를 일본어로 옮기세요.

❶ 最近、たばこを吸う人がへってきた。

➡ ____

❷ 赤ちゃんを起こさないように、静かに布団から出た。

➡ ____

❸ 飲みすぎて眠くなってきた。

➡ ____

❹ 시험에 합격하도록 열심히 공부했습니다.

➡ ____

❺ 바빠서 여행을 갈 수 없게 되었습니다.

➡ ____

❻ 그녀의 기분이 나빠질 것은 말하지 않도록 했다.

➡ ____

새로운 단어

電車(で んしゃ) 전철　　の りおくれ る (탈것의 출발시간에) 늦어서 못 타다, 놓치다
出る(で る) 나가다, 나오다　　メ モする 메모하다　　忘れる(わ すれる) 잊어버리다
カ ーテンをつ け る 커튼을 치다　　貯金(ちょ きん) 저금　　困る(こ まる) 곤란하다
～中(ちゅう) ~중　　お しゃ べりをする 수다를 떨다, 잡담하다　　遅い(お そい) 늦다, 느리다
電話をかける(で んわをか け る) 전화를 걸다　　集合時間(しゅ うごうじ かん) 집합시간
欠席する(け っせきする) 결석하다　　な くす 분실하다, 잃다, 없애다
無理をする(む りをする) 무리를 하다　　起こす(お こ す) 깨우다, 일으키다
布団(ふ とん) 이불　　眠い(ね むい) 졸리다, 자고 싶다　　合格する(ご うかくする) 합격하다

◉ track 23

1 다음 예문과 같이 「동사의 가능형 ＋ なくなる」를 사용해 이야기해 보세요.

> **예**
>
> ⓐ 太る　　ⓑ 服を着る
>
> A　どうしたんですか。
> B　ⓐ太ってしまって、
> 　　ⓑ服が着られなくなりました。

❶ ⓐ 子供が病気になる　　　　ⓑ 旅行に行く

　➡ ____

❷ ⓐ マンションに引っこす　　ⓑ ペットを飼う

　➡ ____

❸ ⓐ 家の前にビルが建つ　　　ⓑ 海を見る

　➡ ____

❹ ⓐ 手を怪我する　　　　　　ⓑ メールをうつ

　➡ ____

❺ ⓐ MP3が壊れる　　　　　　ⓑ 音楽を聞く

　➡ ____

❻ ⓐ 家の鍵をなくす　　　　　ⓑ 家に入る

　➡ ____

2 다음 예문과 같이 「〜てくる」를 사용해 이야기해 보세요.

> **예**
>
> ⓐ 寝不足だ　　ⓑ 眠くなる
>
> A どうしたんですか。
> B ⓐ寝不足で ⓑ眠くなってきたんです。 [개시]

❶ ⓐ 太ってしまう　　ⓑ ズボンがきつくなる

➡ ____

❷ ⓐ 問題がむずかしい　　ⓑ 頭が混乱する

➡ ____

❸ ⓐ 寒い　　ⓑ 手が冷える

➡ ____

❹ ⓐ ずっと立っている　　ⓑ 足が疲れる

➡ ____

❺ ⓐ ドラマのストーリーが単純だ　　ⓑ 飽きる

➡ ____

❻ ⓐ 飲みすぎる　　ⓑ 胃がむかむかする

➡ ____

> ### 새로운 단어
>
> **マンション** 맨션　　**ペット** 애완용 동물　　**飼う**(か う) 기르다　　**ビル** 빌딩
> **建つ**(た つ) (건조물이) 서다　　**怪我する**(け が する) 상처 입다, 다치다　　**打つ**(う つ) 치다
> **壊れる**(こ われ る) 부서지다, 파손되다　　**鍵**(か ぎ) 열쇠　　**寝不足**(ね ぶそく) 수면부족
> **き つい** 꼭 끼다, 빽빽하다, 기질이 강하다　　**混乱する**(こ んらんする) 혼란하다
> **冷える**(ひ え る) 차가워지다, 쌀쌀해지다　　**ストーリー** 스토리
> **単純だ**(た んじゅんだ) 단순하다 〈な형용사〉　　**飽きる**(あ き る) 질리다　　**胃**(い) 위 〈몸의 장기〉
> **む かむかする** 메슥거리다

● 일상 생활에서 특별히 유의하고 있는 것에 대해 이야기해 보세요.

예1 野菜をたくさん食べます。

➡ 野菜をたくさん食べるようにしています。

예2 お肉はあまり食べません。

➡ お肉はあまり食べないようにしています。

❶ 英語の勉強のために、アメリカのドラマを見ます。

➡ ________________________________

❷ 毎朝ジョギングをします。

➡ ________________________________

❸ 強いお酒は飲めません。

➡ ________________________________

❹ 食事の後で、必ず歯をみがきます。

➡ ________________________________

❺ 油っこいものは食べません。

➡ ________________________________

❻ ________________________________

➡ ________________________________

ジョ「ギング 조깅   ス「トレ」ッチ 스트레칭 체조   **食事**(しょ「くじ) 식사   **必ず**(か「ならず) 반드시
歯(は「) 치아, 이   **み「がく** 닦다, 광을 내다   **油っこい**(あ「ぶらっこ「い) 기름지다, 느끼하다

野 や・の	野	野			
菜 さい・な	菜	菜			
利 り	利	利			
用 よう・もち(いる)	用	用			
出 しゅつ・で(る)	出	出			
困 こん・こま(る)	困	困			
打 だ・う(つ)	打	打			
冷 れい・ひ(える)	冷	冷			
単 たん	単	単			
純 じゅん	純	純			

誕生日プレゼントに母がくれたの

track 24

내일은 박민지의 생일입니다. 박민지와 기무라가 이야기하고 있고, 잠시 후 스즈키가 옵니다.

木村　あっ、そのセーターかわいいね。

パク　えっ、これ。去年、誕生日プレゼントに母がくれたの。

木村　その色、とっても似合ってるよ。あの、これ、少し

　　　早いけど、僕からも誕生日プレゼント。

パク　えー、うれしい。ありがとう。

木村　気に入ってくれるといいんだけど。

パク　開けてみてもいい。

木村　うん。

パク　あー。私がほしかったかばん。ほんとにもらってもいいの。

木村　もちろん。喜んでもらえてよかったよ。

パク　　実は明日、鈴木先輩が誕生日パーティーを開いて
　　　　くれるの。木村先輩もぜひ来てよ。

木村　　うん、喜んで。

パク　　あっ、鈴木先輩、こんにちは。

鈴木　　こんにちは。あれ、木村くん、パクさんに誕生日
　　　　プレゼントあげたの。

木村　　はい、あげました。

鈴木　　へー。パクさん、明日は私がケーキを焼いてあげますからね。

パク　　はい。ありがとうございます。

새로운 단어

セーター 스웨터　　か「わい「い 귀엽다　　く「れる 〈상대편이 나에게〉 주다　　色 (い「ろ「) 색
と「っても 아주, 매우, 무척 〈とても의 힘줌말〉　　気に入る (き「にいる) 마음에 들다, 만족하다
も「らう 받다　　喜ぶ (よ「ろこ「ぶ) 기뻐하다, 좋아하다　　実は (じ「つは) 실은　　開く (ひ「ら「く) 열다
あ「げる 〈내가 상대방에게, 상대방이 제3자에게〉 주다　　焼く (や「く) 굽다

1 あげる/くれる/もらう

주다/주다/받다

우리말의 '주다'에 해당하는 일본어에는 「あげる・くれる」 두 가지가 있다.

あげる : 내가 타인에게 주다. 또는 타인이 타인에게 주다.

くれる : 타인이 나에게 주다. 또는 타인이 나와 친한 관계의 사람에게 주다.

もらう : 받다.

예 私は佐藤さんにチョコレートをあげました。

田中さんは私にカードをくれました。

私は田中さんにカードをもらいました。

2 ～てあげる/てくれる/てもらう

～해 주다/해 주다/해서 받다

「～てもらう」는 누군가 주어를 위해 어떤 행위를 해 주었다는 뜻이다. 「～てくれる」 역시 상대방이 '～해 주다'라는 뜻이지만, 이 경우에는 상대가 알아서 그냥 해준 것이고, 「～てもらう」는 내가 부탁을 해서 상대가 해 주었을 때 주로 사용한다.

예 私はキムさんに言葉の意味を説明してあげました。

山田さんが私にかさを貸してくれました。

= 私は山田さんにかさを貸してもらいました。

<table><tr><td>**3**</td><td>**〜てみる**</td><td align="right">~해 보다 (시도)</td></tr></table>

무엇인가를 알기 위해서 시험 삼아 실제로 해보는 것을 나타낸다.

- 예 この服、着^きてみてもいいですか。

  北海道に一度^{いちど}行ってみたいです。

<table><tr><td>**4**</td><td>**ぜひ/かならず/きっと**</td><td align="right">반드시, 꼭, 기필코</td></tr></table>

ぜひ ： 주로 ぜひ+てください/てほしい/たい의 형태로 강한 희망을 나타낸다.

- 예 ぜひ一度日本へ行ってみたいと思います。

かならず ： 의무, 약속 등 이제부터 틀림없이 일어날 일을 말할 때 쓴다. 부정문에서는
　　　　　 かならずしも를 쓰고 '반드시 ~인 것은 아니다'라는 뜻을 나타낸다.

- 예 焼酎を飲むと、次の日かならず頭が痛くなります。

  約束したことはかならず守^{まも}ります。

きっと ： 판단이나 예상이 확실하다고 생각할 때 쓴다. 주관적인 느낌의 예상, 희망,
　　　　 의지를 나타내는 문장에 자주 사용한다.

- 예 あしたはきっと雨だろう。

새로운 단어

言葉(こ「とば」) 말, 언어, 단어　　意味(い「み) 의미　　説明する(せ「つめいする) 설명하다

着る(き「る) (옷을) 입다　　一度(い「ちど) 한 번　　守る(ま「も」る) 지키다

1 다음 예문과 같이 「くれる / もらう」를 사용해 문장을 만드세요.

> 예 兄：妹にくまのぬいぐるみをあげました。 （兄 → 妹）
>
> 妹：兄は私にくまのぬいぐるみをくれました。
>
> （私は）兄にくまのぬいぐるみをもらいました。

❶ 母： 娘に香水をあげました。 （母 → 娘）

娘： _______________________________

____

❷ 父： 息子に電子辞書をあげました。 （父 → 息子）

息子： _______________________________

____

❸ 兄： 弟にMP3をあげました。 （兄 → 弟）

弟： _______________________________

____

❹ 祖父：孫に着物をあげました。 （祖父 → 孫）

孫： _______________________________

2 다음 예문과 같이 「～に ～てもらう」를 사용해 문장을 바꿔 보세요.

> 예 山田さんが神戸を案内してくれました。
>
> ➡ 山田さんに神戸を案内してもらいました。

❶ 佐藤さんがキムさんを紹介してくれました。 ➡ _______________

❷ 吉田さんがケーキの作り方を教えてくれました。 ➡ _______________

❸ 鈴木さんが空港まで迎えに来てくれました。　➡ _______________

❹ 村山さんが自転車を修理してくれました。　➡ _______________

3　다음 예문과 같이「～てみる」를 사용해 문장을 바꿔 보세요.

> **예**　アフリカ料理を食べる　➡　アフリカ料理を食べてみたいです。

❶ 着物を着る　➡ _______________

❷ 日本の祭を見る　➡ _______________

❸ 富士山に登る　➡ _______________

❹ フランス語を習う　➡ _______________

4　다음 일본어를 한국어로, 한국어를 일본어로 옮기세요.

❶ 山本さんに日本映画のビデオを貸してもらいました。

　➡ _______________

❷ 教科書を忘れたので、隣の人に見せてもらいました。

　➡ _______________

❸ 나는 그의 생일에 케이크를 구워 주었다.

　➡ _______________

❹ 요시다 씨가 자전거를 수리해 주었다.

　➡ _______________

く「ま」곰　　ぬ「いぐるみ 봉제인형　　祖父(そふ) 할아버지 〈자기의 할아버지를 남에게 말할 때〉
孫(ま「ご) 손주　　着物(き「もの) 옷, 특히 일본 전통 옷　　神戸(こ「うべ) 고베 〈일본 관서지방의 항구 도시〉
案内する(あ「んな」いする) 안내하다　　紹介する(しょ「うかいする) 소개하다
作り方(つ「くりかた) 만드는 방법　　教える(お「しえる) 가르치다　　迎えに来る(む「かえにく」る) 마중 나오다
修理する(しゅ「うりする) 수리하다　　ア「フリカ 아프리카　　祭(ま「つり) 축제　　隣(と「なり) 이웃, 옆

 ⊙ track 25

1 다음 예문과 같이 「くれる」를 사용해 이야기해 보세요.

예

ⓐ ネクタイ　　ⓑ 会社に入る　　ⓒ 母

A　すてきなⓐネクタイですね。

B　ありがとうございます。
　　ⓑ会社に入ったときにⓒ母がくれました。

❶ ⓐ 食器　　　　　　　ⓑ 結婚する　　　　　　ⓒ 友達
❷ ⓐ 財布(さいふ)　　　ⓑ 大学に入学(にゅうがく)する　　ⓒ おじ
❸ ⓐ 時計　　　　　　　ⓑ 大学を卒業する　　　ⓒ おば
❹ ⓐ 指輪(ゆびわ)　　　ⓑ つきあいはじめる　　ⓒ 彼氏(かれし)
❺ ⓐ ________　　　　ⓑ ________　　　　ⓒ ________

2 다음 예문과 같이 「～にもらう」를 사용해 이야기해 보세요.

예

ⓐ おいしいお茶　　ⓑ イさん

A　ⓐおいしいお茶ですね。誰(だれ)にもらいましたか。

B　ⓑイさんにもらいました。

❶ ⓐ かわいい人形(にんぎょう)　　ⓑ 友達
❷ ⓐ 高そうなワイングラス　　　　ⓑ おじ
❸ ⓐ めずらしい時計　　　　　　　ⓑ 親戚(しんせき)
❹ ⓐ いい絵　　　　　　　　　　　ⓑ 同僚(どうりょう)
❺ ⓐ ________________　　ⓑ ________________

3 다음 예문과 같이 「〜てもらう/〜てくれる」를 사용해 이야기해 보세요.

> **예**
> A いいレストランですね。
> B 田中さんに紹介し<u></u>てもらいました。

> **보기**
>
> ~~紹介する~~　　ならう　　つくる　　食べる　　むかえに来る
> 予約する　　あずかる　　コピーする　　行く

❶ A おいしいお菓子ですね。

　 B 母が ___________________________

❷ A 資料は。

　 B 山田さんが ___________________________

❸ A 荷物はどうしたの。

　 B 藤井さんに ___________________________

❹ A 飛行機のチケットは。

　 B 佐藤さんに ___________________________

❺ A ___________________________

　 B ___________________________

새로운 단어

財布(さいふ) 지갑　　**入学する**(にゅうがくする) 입학하다　　**おじ** 고모부, 이모부, 삼촌 등
おば 고모, 이모, 아주머니 등　　**指輪**(ゆびわ) 반지　　**つきあう** 사귀다　　**人形**(にんぎょう) 인형
ワイングラス 와인 잔　　**めずらしい** 진귀하다　　**親戚**(しんせき) 친척　　**同僚**(どうりょう) 동료　　予
約する(よやくする) 예약하다　　**預かる**(あずかる) 맡다, 보관하다　　**お菓子**(おかし) 과자
資料(しりょう) 자료　　**コピーする** 복사하다

응용연습

● 지금까지 주고 받은 선물 중에서 인상에 남는 선물은 무엇입니까? 아래 빈 칸에 쓰고 발표해 보세요.

> 예
>
> 私は父に着物をもらいました。
>
> 私は彼女に100本のバラをあげました。

● もらったもの

● あげたもの

色	色	色				
しょく・いろ						
開	開	開				
かい・あ(く)/ひら(く)						
意	意	意				
い						
味	味	味				
み・あじ						
説	説	説				
せつ						
明	明	明				
めい・あか(るい)						
案	案	案				
あん						
内	内	内				
ない・うち						
紹	紹	紹				
しょう						
介	介	介				
かい						

10

テーブルが汚れているから、ふいておきますね

오늘은 박민지의 생일파티를 하는 날입니다. 파티 준비를 하고 있는 스즈키에게 기무라가 전화를 걸었습니다.

木村　ミンジちゃんの誕生日パーティーは何時から始まるんですか。

鈴木　7時から始めるつもり。

木村　準備はできましたか。

鈴木　まだよ。今、急いで準備しているところ。

木村　じゃー、手伝いに行きましょうか。

鈴木　あー、おねがい。

木村　テーブルが汚れているから、ふいておきますね。

鈴木　うん。おねがい。それから、ビールを冷蔵庫に
　　　入れといてくれる。

木村　はい。グラスも冷やしておきますね。

鈴木　　わー、気がきくね。木村くん、悪いんだけど、玄関に

　　　　おいてあるゴミ捨ててくれる。

木村　　はい、わかりました。

鈴木　　あっ、水を買うの忘れちゃった。

木村　　じゃー、ゴミを捨てに行くついでに買ってきましょうか。

鈴木　　うん。おねがいね。

汚れる(よ「ごれる) 더러워지다　　ふ「く 닦다　　入れる(い「れる) 넣다　　グ「ラス 유리컵
冷やす(ひ「や」す) 식히다, 차게 하다　　気がきく(き「がきく) 자잘한 곳까지 생각이 잘 미치다
悪いんだけど(わ「る」いんだけど) 미안하지만　　玄関(げ「んかん) 현관
置く(お「く) (물건을 어떤 장소에) 두다, 놓다　　つ「いでに ～하는 김에, ～하는 기회에

1 자동사와 타동사

자동사 : 목적격 조사 を를 필요로 하지 않는다.

예 ドアが開きます。　電気が消えます。　会議はもうはじまりました。

주의 단, 이동을 나타낼 때는 を를 사용한다. (예 電車をおりる、山を越える)

타동사 : 목적격 조사 を를 필요로 한다.

예 ドアを開けます。　電気をつけます。　会議をはじめましょう。

■ 다음 자동사와 타동사의 뜻을 쓰시오.

자동사	뜻	타동사	뜻
きれる		きる	
あく		あける	
しまる		しめる	
つく		つける	
きえる		けす	
とまる		とめる	
はじまる		はじめる	
うれる		うる	
はいる		いれる	
でる		だす	
なくなる		なくす	
あつまる		あつめる	
なおる		なおす	
かわる		かえる	
おちる		おとす	
とどく		とどける	

ならぶ		ならべる	
かたづく		かたづける	
もどる		もどす	
みつかる		みつける	
つづく		つづける	
あがる		あげる	
さがる		さげる	
おれる		おる	
こわれる		こわす	
よごれる		よごす	
おきる		おこす	
かかる		かける	
やける		やく	

2　자동사 + ている

~해 있다

「～ている」는 동작의 결과나 상태를 나타낸다. 자연스럽게 저절로 그러한 상태가 되어 있음을 표현하므로 현재의 상태를 본 그대로 말한다.

예　窓が閉まっ**ています**。

　　エアコンがつい**ています**。

3　타동사 + てある

~해 있다

「～てある」는 누군가 어떤 목적을 가지고 의도적으로 그렇게 해 두었다는 뜻이 들어 있다.

예　壁に地図が貼っ**てあります**。

　　明日の授業の予習はし**てあります**。

4 ～ておく

~해 두다

「～ておく」는 어떤 행위를 하고 그 결과가 지속됨을 의미한다. 문맥에 따라 일시적인 방치를 나타내기도 하고 장래에 대비한 준비를 나타내기도 한다. 「～てある」도 장래에 대한 준비를 나타내는 뜻이 있지만 이미 그 준비가 되어져 있는 상태를 나타내고, 「～ておく」는 준비를 위해 어느 정도의 행위를 한다는 뜻이 들어 있다. 「～ておく」는 회화체에서 「～とく」가 된다.

예 試験の前に単語(たんご)を復習(ふくしゅう)しておきます。 [사전준비]

使ったものは元(もと)に戻(もど)しておいてください。 [사후조치]

A : 窓を閉(し)めましょうか。

B : 暑いですから、開けといてください。 [방치]

5 ～ているところ

~하고 있는 중

동사의 동작이 행해지고 있는 바로 그 시점을 나타낸다. 주로 今, ちょうど 등 때를 나타내는 표현과 함께 쓰인다.

예 今ごはんを食べているところだから、食事が終わってから行きます。

ちょうど調べているところです。

새로운 단어

窓(ま˥ど) 창문　**閉まる**(し「ま˥る) (문 등이) 닫히다 〈자동사〉　**つ˥く** 켜지다, 붙다
壁(か「べ) 벽　**地図**(ち˥ず) 지도　**貼る**(は「る) 붙이다　**予習する**(よ「しゅうする) 예습하다
単語(た「んご) 단어　**復習する**(ふ「くしゅうする) 복습하다
元に戻す(も˥とにも「ど˥す) 원래대로 돌리다　**閉める**(し「め˥る) 닫다 〈타동사〉

일본의 연휴

연말연시 휴일　年末年始の休み

연말부터 그 다음 해 초까지, 12월 29일(관청에서의 종무일 다음날)~다음해 1월 3일(正月三が日) 경을 말한다. 학교를 비롯해 국가, 지방자치제의 관청은 휴일이 된다. 많은 기업과 점포에서도 이 기간을 휴일로 하고 있다.

골든위크(황금 연휴)　ゴールデンウィーク

일본에서 매년 4월 말부터 5월 초까지에 걸쳐 축일과 국민의 휴일, 일요일 등이 계속되는 기간을 가리킨다. 황금주간(黄金週間), 대형 연휴(大型連休), GW라고도 한다.

추석휴가　お盆休み

양력 8월 15일 전후 3~5일간은 여름 휴가를 겸한 추석휴가로, 기업에서는 이 기간 동안 특별휴가를 주고 있다. 전국적으로 많은 사람들이 이 시기에 성묘를 가기 때문에, 매년 골든위크, 연말연시와 함께 귀성객과 행락객으로 도로나 공공 교통기관이 많이 혼잡하다. 그러나 골든위크나 연말연시와 달리 평일이기 때문에 관공서나 금융기관은 통상대로 업무를 하고 있다.

해피먼데이법(행복한 월요일 법)　ハッピーマンデー法

연휴를 늘려 많은 사람들이 참석할 수 있도록 성인의 날, 체육의 날을 1월 · 10월의 두 번째 월요일로, 바다의 날, 경로의 날을 7월 · 9월 세 번째 월요일로 변경하는 법안이 성립되었다.

1 다음 예문과 같이 「자동사＋ている / 타동사＋てある」를 사용해 문장을 완성하세요.

> 예 ドア、開く ➡ ドアが開<u>い</u>**ています**。
> 花、かざる ➡ 花が<u>かざっ</u>**てあります**。

❶ 車、とまる ➡ ________________________

❷ 電気、つける ➡ ________________________

❸ 窓、われる ➡ ________________________

❹ 絵、かける ➡ ________________________

❺ 食器、かたづける ➡ ________________________

2 다음 예문과 같이 적당한 조사와 「～ておく」를 사용해 문장을 완성하세요.

> 예 試験の前、復習する
> ➡ <u>試験の前に</u>復習し**ておきます**。

❶ 授業の前、予習する ➡ ________________________

❷ 冷蔵庫の中、ビールを入れる ➡ ________________________

❸ 今日中、先生のスケジュールを聞く ➡ ________________________

❹ 会議の前、資料を集める ➡ ________________________

❺ 翻訳、斉藤さんに頼む ➡ ________________________

❶ この前買った本はもう読んでしまいました。

➡ ____

❷ A 遅かったですね。

➡ ____

B すみません、道に迷ってしまいました。

➡ ____

❸ A 赤いかばんはありませんか。

➡ ____

B あったんですが、売れてしまいました。

➡ ____

❹ 케이크를 먹고 있는 중입니다.

➡ ____

❺ 길이 막히는군요. 시간에 늦어질 것 같으니까 전화해 두겠습니다.

➡ ____

❻ 방은 정리되어 있습니다.

➡ ____

새로운 단어

飾る (か「ざる) 꾸미다, 치장하다 〈타동사〉　　止まる (と「まる) 멈추다, 서다 〈자동사〉

つ「け」る (전기, 불 등을) 켜다 〈타동사〉　　割れる (わ「れる) 깨지다, 갈라지다 〈자동사〉

か「け」る 걸다 〈타동사〉　　迷う (ま「よ」う) 헤매다, 길을 잃다, 망설이다

売れる (う「れる) 팔리다　　道が込む (み「ちがこ「む) 길이 막히다　　頼む (た「の」む) 부탁하다

1 다음 예문과 같이 「자동사+ている」를 사용해 이야기해 보세요.

> **예**
>
> ⓐ かばん　　ⓑ 開く
>
> A あっ、ⓐかばんが ⓑ開いているよ。
>
> B あっ、ほんとだ。ありがとう。

❶ ⓐ ボタン　　　　　　ⓑ はずれる

❷ ⓐ ふくろ　　　　　　ⓑ やぶれる

❸ ⓐ ほこり　　　　　　ⓑ つく

❹ ⓐ 服　　　　　　　　ⓑ よごれる

❺ ⓐ 携帯電話　　　　　ⓑ なる

❻ ⓐ ＿＿＿＿＿＿＿　　ⓑ ＿＿＿＿＿＿＿

2 다음 예문과 같이 「동사+ておく」를 사용해 이야기해 보세요.

> **예**
>
> ⓐ レポート　　ⓑ 資料　　ⓒ あつめる
>
> A ⓐレポートの準備はしましたか。
>
> B はい、ⓑ資料を ⓒあつめておきました。[사전준비]

❶ ⓐ 試験　　　　　ⓑ 本　　　　ⓒ よむ

❷ ⓐ 旅行　　　　　ⓑ 荷物　　　ⓒ まとめる

❸ ⓐ パーティー　　ⓑ 部屋　　　ⓒ そうじする

❹ ⓐ スピーチ大会　ⓑ 原稿　　　ⓒ 暗記する

⑤ ⓐ 飲^のみ会^{かい}　　　　ⓑ お酒　　　　　　ⓒ かう

⑥ ⓐ ＿＿＿＿＿＿＿　ⓑ ＿＿＿＿＿＿＿　ⓒ ＿＿＿＿＿＿＿

3 보기에서 알맞은 동사를 골라 「동사＋ておく」 문장을 만드세요.

> 예　使ったものは引き出しの中に
> しまっ**ておいて**ください。

보기

| しまう | かたづける | 勉強する | つける | する | しめる |
| おく | けす | わすれる | よむ | はなす |

❶ 部屋を散^ちらかしたら、＿＿＿＿＿＿＿＿＿＿＿＿＿＿＿＿

❷ A テレビを消しましょうか。

　B いいえ、まだ、＿＿＿＿＿＿＿＿＿＿＿＿＿＿＿＿＿＿

❸ 電子辞書を使う前に説明書^{せつめいしょ}を＿＿＿＿＿＿＿＿＿＿＿＿

❹ A 机の上を整理^{せいり}しましょうか。

　B いいえ、そのままに＿＿＿＿＿＿＿＿＿＿＿＿＿＿＿＿＿

❺ 外に出るときは、窓を＿＿＿＿＿＿＿＿＿＿＿＿＿＿＿＿＿＿

❻ 韓国へ来る前に少し韓国語を＿＿＿＿＿＿＿＿＿＿＿＿＿＿＿

새로운 단어

外れる(は「ずれる) 벗겨지다, 끌러지다　　**ふ「くろ」** 주머니, 봉지　　**や「ぶれ」る** 찢어지다　　**ほ「こり** 먼지
ま「とめる 합치다, 정리하다　　**ス「ピ」ーチ** 스피치　　**大会**(た「いかい) 대회　　**原稿**(げ「んこう) 원고
暗記する(あ「んきする) 암기하다　　**飲み会**(の「みかい) 술을 마시는 모임　　**引き出し**(ひ「きだし) 서랍
散らかす(ち「らかす) 어지르다　　**整理する**(せ「いりする) 정리하다　　**そ「のまま** 그대로

● 당신은 어떤 일을 하기 전에 무엇을 준비해 둡니까? 예와 같이 친구를 인터뷰하여 서로 이야기해 봅시다.

예
A パクさんは旅行に行く前に何をしておきますか。
B おいしいものを調べておきます。

	あなた	○○さん
예 旅行に行く前	1. おいしいものを調べる 2. 3.	1. 2. 3.
❶ デートをする前	1. 2. 3.	1. 2. 3.
❷ 映画を見る前	1. 2. 3.	1. 2. 3.
❸ 試験の前	1. 2. 3.	1. 2. 3.

汚 お・よご(れる)	汚	汚				
入 にゅう・い(れる)	入	入				
玄 げん	玄	玄				
関 かん	関	関				
閉 へい・し(まる)	閉	閉				
予 よ	予	予				
習 しゅう・なら(う)	習	習				
売 ばい・う(れる)	売	売				
暗 あん・くら(い)	暗	暗				
記 き・しる(す)	記	記				

11 早退させていただけませんか

박민지는 내일 공항에 가기 위해 조퇴해도 되는지 선생님에게 여쭈어 봅니다.

パク 先生、明日両親と弟が来るので、明日の授業を早退させていただけませんか。空港まで迎えに行かなければならないんです。

先生 そうですか。わかりました。ひさしぶりにご両親に会うんですよね。楽しんでください。

パク はい、ありがとうございます。

鈴木 明日、ご両親に会えますね。うれしいでしょう。

パク もちろんですよ。

鈴木 どこに連れて行くんですか。

パク まずはホテルに連れて行って休ませて、それからご飯を食べに行こうと思っています。

鈴木　　あさっては。パクさん授業があるでしょう。

パク　　はい。でも、午前中だけです。弟は日本語ができますから、

　　　　弟に浅草でも案内させるつもりです。午後は一緒に観光（かんこう）し

　　　　ようと思っています。

鈴木　　じゃー、私にガイドさせてください。

パク　　えっ、本当ですか。ぜひおねがいします。

早退する(そ「うたいする) 조퇴하다　　両親(りょ「うしん) 부모님
迎えに行く(む「かえにいく) 마중 나가다　　ひ「さしぶりに 오랜만에　　休む(や「す む) 쉬다
あ「さ「って 모레　　観光する(か「んこうする) 관광하다　　ガ「イドする 가이드 하다

1 사역형 ～せる/させる

～하게 하다

타인에게 어떤 행동을 하도록 시킬 때 쓰는 표현이다.

▶ **동사의 사역형 만들기**

1그룹동사 어미 う단을 あ단으로 바꾸고 せる를 붙인다.

かく ➡ かかせる　　　　のむ ➡ のませる

つくる ➡ つくらせる　　　あう ➡ あわせる

かえる(帰る) ➡ かえらせる (帰らせる)

2그룹동사 어미 る를 없애고 させる를 붙인다.

きる ➡ きさせる(着させる)　とめる ➡ とめさせる

たべる ➡ たべさせる

3그룹동사 각각 불규칙적으로 변한다.

する ➡ させる　　　　　　くる ➡ こさせる

예　母は妹を買い物に行かせました。

母は娘にピアノを習わせました。

彼氏に私の手料理を食べさせたいです。

夜遅く帰って母を心配させました。

日曜日、先生は学生を学校に来させました。

주의　• 사역동사의 ない형, ます형, て형 활용은 2그룹동사 활용과 같다.

　　• 寝る, 起きる, 見る, 出る의 사역형은 각각의 타동사인 寝かせる, 起こす, 見せる, 出す를 사용한다.

2 사역형 + ていただけませんか   ~해도 될까요?

사역형과 「~ていただけませんか」라는 의뢰 표현이 합해져서 자신의 행동을 인정해 주도록 부탁하는 표현이 된다.

예 明日休ませていただけませんか。

  ここに荷物を置かせていただけませんか。

3 사역형 + てください   ~하게 해 주세요

사역형과 「~てください」라는 의뢰 표현이 합해져서 허가를 구하는 뜻이 된다.

예 この仕事は私にやらせてください。

  お昼は私に払わせてください。

새로운 단어

や「る 하다, 행하다, 주다 〈손아랫사람에게 줄 때, 동물에게 먹이를 줄 때〉

1 다음 단어를 사역형으로 만들고 그 뜻을 쓰세요.

	기본형	사역형	뜻
I	かく		
	いそぐ		
	のむ		
	はこぶ		
	つくる		
	てつだう		
	もつ		
	なおす		
II	たべる		
	しらべる		
	いる		
III	する		
	くる		

2 다음 예문과 같이 「～は ～を＋사역형」 문장으로 만드세요.

> **예** 母は子供を買い物に行かせました。（買い物に行く）

❶ 母は子供を ________________________ （塾にかよう）

❷ 母は子供を ________________________ （外であそぶ）

❸ 母は子供を ________________________ （日本に留学する）

❹ 先生は学生を ________________________ （家にかえる）

❺ 父は子供を ________________________ （おつかいに行く）

3 다음 예문과 같이 「〜は 〜に 〜を＋사역형」 문장으로 만드세요.

> **예** **母は子供に皿をあらわせました。**（皿をあらう）

❶ 先生は学生に＿＿＿＿＿＿＿＿＿＿＿＿＿＿＿＿＿＿＿＿（漢字をかく）

❷ 母は子供に＿＿＿＿＿＿＿＿＿＿＿＿＿＿＿＿＿＿＿（牛乳をのむ）

❸ 先生は学生に＿＿＿＿＿＿＿＿＿＿＿＿＿＿＿＿＿＿＿＿（本をよむ）

❹ 母は子供に＿＿＿＿＿＿＿＿＿＿＿＿＿＿＿＿＿＿（そうじをする）

❺ 母は子供に＿＿＿＿＿＿＿＿＿＿＿＿＿＿＿＿＿＿（料理をてつだう）

4 다음 일본어를 한국어로, 한국어를 일본어로 옮기세요.

❶ 試験に落ちて、私は母をがっかりさせてしまった。

　➡ ＿＿＿＿＿＿＿＿＿＿＿＿＿＿＿＿＿＿＿＿＿＿＿＿＿

❷ 冗談を言って、先生は学生を笑わせました。

　➡ ＿＿＿＿＿＿＿＿＿＿＿＿＿＿＿＿＿＿＿＿＿＿＿＿＿

❸ 선생님은 학생에게 한자를 외우게 합니다.

　➡ ＿＿＿＿＿＿＿＿＿＿＿＿＿＿＿＿＿＿＿＿＿＿＿＿＿

❹ 그 문제는 조금 생각해 봐도 될까요? (사역형)

　➡ ＿＿＿＿＿＿＿＿＿＿＿＿＿＿＿＿＿＿＿＿＿＿＿＿＿

塾(じゅく) 학원　　**お「つかい** 심부름　　**が「っか」りする** 낙담하다 〈실망하는 모양〉
冗談(じょ「うだ」ん) 농담

🔘 track 29

1 다음 예문과 같이 「사역형 + ていただけませんか」를 사용해 이야기해 보세요.

> 예
>
> ⓐ パソコン　　ⓑ 使う
>
> A すみません。
> B はい、何ですか。
> A ⓐパソコンをちょっと
> 　 ⓑ使わせていただけませんか。
> B わかりました。いいですよ。

❶ ⓐ この書類　　　　　　ⓑ コピーする

➡ _______________________________

❷ ⓐ 電話　　　　　　　　ⓑ 使う

➡ _______________________________

❸ ⓐ カタログ　　　　　　ⓑ 見る

➡ _______________________________

❹ ⓐ 車　　　　　　　　　ⓑ とめる

➡ _______________________________

❺ ⓐ 内容（ないよう）　　ⓑ 確認（かくにん）する

➡ _______________________________

❻ ⓐ _______________　　ⓑ _______________

➡ _______________________________

2 다음 예문과 같이 사역형을 사용해 이야기해 보세요.

> **예**
>
> バレエを習う
>
> A 子供にどんなことをさせたいですか。
> B そうですね。バレエを習わせたいです。

❶ バイオリンを習う

➡ ____

❷ ピアノを習う

➡ ____

❸ 一人暮らしをする

➡ ____

❹ 好きな仕事をする

➡ ____

❺ 植物を育てる

➡ ____

❻ ______________________________________

➡ ____

새로운 단어

カタログ 카탈로그　　**内容**(ないよう) 내용　　**確認する**(かくにんする) 확인하다

バレエ 발레　　**一人暮らし**(ひとりぐらし) 혼자서 삶, 독신생활　　**植物**(しょくぶつ) 식물

育てる(そだてる) 기르다, 키우다

● 학창시절, 선생님은 당신에게 무엇을 시키셨습니까?
다음 예문을 보고 보기의 동사를 사용해 문장을 만들어 보세요.

예 先生は学生をグラウンドへ行かせます。

보기

~~行く~~	およぐ	はしる	立つ	はいる
かえる	出る	する	座^{すわ}る	

❶ 

先生は学生を＿＿＿＿＿。

❷ 

先生は学生を＿＿＿＿＿。

❸ 

先生は学生を＿＿＿＿＿。

❹ 

先生は学生を＿＿＿＿＿。

❺ 

先生は学生を教室から＿＿＿＿＿。

❻ 

先生は学生を家へ＿＿＿＿＿。

● 집에서 어머니는 당신에게 무슨 일을 시키셨습니까?
다음 예문을 보고 보기의 동사를 사용해 문장을 만들어 보세요.

예
母は私に洗濯物（せんたくもの）をほさせます。

보기

| ほす | たたむ | 散歩をする | 返（かえ）す |
| ふく | だす | やる | 折（お）る |

❶ 

母は私に ____________ 。

❷ 

母は私に ____________ 。

❸ 

母は私に ____________ 。

❹ 

母は私に ____________ 。

❺ 

母は私に ____________ 。

❻ 

母は私に ____________ 。

새로운 단어

立つ（たつ） 서다　　座る（すわる） 앉다　　洗濯物（せんたくもの） 세탁물　　ほす 말리다
たたむ 개다, 접다　　返す（かえす） 돌려주다　　ふく 닦다, 훔치다　　折る（おる） 접다

일본의 설날 日本の正月

1월 1일을 元日(がんじつ)라고 하고 국민의 축일로 하고 있다.

설날음식 正月料理(しょうがつりょうり)

▲ 오세치요리(お節料理) : 옷칠이 된 나무상자에 각종 요리를 넣어 먹는 정월 요리이다.

오세치요리(お節料理(せちりょうり))는 정월에 먹는 음식으로 건강과 축하를 의미하는 재료로 만든다.

다시마는 행운을, 검은콩은 근면 건강을, 연근은 지혜, 청어 알은 자손 번성, 새우는 장수를 나타낸다. 설날을 위해 미리 만들어서 설 연휴 동안 먹는다.

오조니(お雑煮(ぞうに))는 한국의 떡국에 해당하는 것으로, 얇은 떡이 아니라 떡 덩어리와 어묵, 토란, 닭고기, 무 등을 넣는다.

▲ 오조니(お雑煮) : 한국의 떡국에 해당함.

하츠모우데 初詣(はつもうで)

새해가 되어 처음으로 신사, 사원, 교회에 참배하고, 한 해 동안의 무사와 평안을 기원하는 행사이다. 絵馬(えま)에 기원이나 그 해의 목표를 쓰기도 하고, 길흉을 점치는 おみくじ(오미쿠지)를 뽑아 올 한 해가 좋은 해가 되도록 기도한다.

▲ 하츠모우데(初詣)

▲ 에마(絵馬)

▲ 오미쿠지(おみくじ)

両 りょう	両	両				
親 しん・おや	親	親				
観 かん	観	観				
光 こう・ひか(る)	光	光				
植 しょく・う(える)	植	植				
物 ぶつ・もの	物	物				
育 いく・そだ(てる)	育	育				
立 りつ・た(つ)	立	立				
座 ざ・すわ(る)	座	座				
返 へん・かえ(す)	返	返				

12

シロを預かっていただけませんか

스즈키가 와타나베 씨와 강아지를 맡기는 일에 대해 이야기하고 있습니다.

鈴木　渡辺さん、週末、家族で2泊3日の温泉旅行に行こうと思っているんですけど、シロを預かっていただけませんか。

渡辺　いいですよ。犬は好きですから。どうやって世話をしたらいいですか。

鈴木　1日に2回えさをやってください。それから1日に一回散歩に連れて行ってやってください。

渡辺　わかりました。週末は晴れるらしいですから、旅行、楽しんで行って来てください。

鈴木　シロを預かってくださって、本当にありがとうございました。ほらっ、シロ、こっちに来なさい。あらら、シロは渡辺さんが好きなようですね。すっかりなついちゃって。

渡辺　　いやー、かわいくて自分の子供のように思えてきました。
　　　　妻もシロが気に入ったようでした。別れるのが少しさびし
　　　　いですよ。

鈴木　　ご連絡をくだされば、いつでもシロを連れて来ますよ。
　　　　あの、これ、お土産です。つまらないものですが……。

渡辺　　いやー、気をつかわせてしまったようですね。

鈴木　　ほんの気持ちです。またシロと遊んでやってくださいませ
　　　　んか。

渡辺　　もちろんです。じゃー、遠慮なくいただきます。

鈴木　　奥様にも大変お世話になったと
　　　　伝えていただけませんか。

渡辺　　はい、わかりました。

温泉(お「んせん) 온천　　**世話をする**(せ「わ」をする) 돌보다, 보살피다　　**晴れる**(は「れ」る) 날씨가 개다
ほ「らっ 이봐, 자〈상대의 주의를 끌 때 내는 소리〉　　**す**「っかり 완전히, 매우
な「つ「く 친숙해져 따르다, 친해지다　　**い**「や」ー 야〈놀람, 감동, 탄식을 나타내는 말〉
妻(つ「ま) 아내　　**別れる**(わ「かれ」る) 헤어지다　　**つ**「まら」ない 시시하다, 보잘 것 없다
ほ「んの 그저 명색뿐인, 작은　　**気持ち**(き「もち) 마음, 기분
遠慮なく(え「んりょな」く) 사양 않고, 사양 말고　　**い**「ただく '받다·얻다(もらう),
먹다(のむ·たべる)'의 겸양어　　**奥様**(お「くさま) 사모님　　**伝える**(つ「たえる) 전하다

1 ～ようだ

~인 것 같다, ~인 듯하다

어떤 상황에 대해 말하는 사람의 주관적인 인상, 추측, 판단을 나타낸다(추량). 또 어떤 사물이나 현상을 다른 것과 비교하여 나타내기도 한다(비유). 접속형태는 「동사 / い형용사의 보통체＋ようだ」「な형용사의 な형＋ようだ」「명사＋のようだ」이다.

예 部屋に誰もいない**ようです**。[추량]

きのうは雨がふった**ようです**。

先生は野球が好きな**ようです**。

この雪はまるで綿の**ようです**。[비유]

현재형	부정형	과거형	과거부정형
ふるようだ	ふらないようだ	ふったようだ	ふらなかったようだ
あついようだ	あつくないようだ	あつかったようだ	あつくなかったようだ
好きなようだ	好きではないようだ	好きだったようだ	好きではなかったようだ
先生のようだ	先生ではないようだ	先生だったようだ	先生ではなかったようだ

2 ～らしい

~인 것 같다

「～ようだ」가 말하는 사람의 감각이나 경험에 의한 주관적인 추측이라면, 「～らしい」는 객관적인 상태나 사실을 근거로 한 추측이다. 정보나 관찰 가능한 객관적인 것을 근거로 판단하므로 단순한 상상이 아니다. 문말에 오며, 접속 형태는 「동사 / い형용사의 보통체 / な형용사의 어간 / 명사＋らしい」이다.

예 あしたソウルから友達がくる**らしい**です。

彼はいろいろと悩みが多い**らしい**。

先生のご家族はみんな元気**らしい**です。

天気予報によると、明日は雨**らしい**。

3　いただく / くださる / やる　　받다 / 주시다 / 주다

いただく는 もらう(받다)의 겸양 표현이다. くださる는 くれる의 높임말로 '주시다', や
る는 '식물·동물에게 먹이를 주다', 또는 '손아랫사람에게 주다'라는 뜻이다.

예　私は山田さんにお土産をいただきました。

　　＝ 山田さんは私にお土産をくださいました。

　　私は犬にえさをやりました。

4　〜ていただく　　　　　　　　　　〜해 받다
　〜てくださる　　　　　　　　　　〜해 주시다
　〜てやる　　　　　　　　　　　　〜해 주다

예　私は先生に日本語を教えていただきました。

　　＝ 先生は私に日本語を教えてくださいました。

　　私は妹に英語の宿題を教えてやりました。

5　〜てくださいませんか　　〜해 주시지 않겠습니까?

정중한 의뢰를 나타낸다.

예　もう一度言ってくださいませんか。

　　窓を開けてくださいませんか。

6 · 동사의 ます형 + なさい

~하세요

명령이나 지시를 나타내는 표현이다. 손윗사람에게 사용하면 실례가 되기 때문에 사용하지 않는다. 손아랫사람에게 명령할 때 쓰는 경우가 많다.

例 少し静かにし**なさい**。

次の文を読んで記号で答え**なさい**。

7 · 보통체 + と伝えていただけませんか

~라고 전해 주시지 않겠습니까?

いただく의 가능 표현인 いただける는 정중한 의뢰를 나타낸다. いただけますか보다 いただけませんか 쪽이 더 조심스러운 표현이다.

例 30分遅れそうだ**と伝えていただけませんか**。

中村課長に5時半に駅で待っている**と伝えていただけませんか**。

새로운 단어

綿(わた) 목화 솜　　**天気予報**(てんきよほう) 일기예보　　**悩み**(なやみ) 고민

宿題(しゅくだい) 숙제　　**文**(ぶん) 글, 문장　　**記号**(きごう) 기호

1 다음 예문과 같이 「〜ようだ」을 사용해 문장을 완성하세요.

> 예　もうすぐコンサートがはじまる<u>ようです</u>。（はじまります）[추량]

❶ 山田くんはお酒が＿＿＿＿＿＿＿＿＿＿ようです。（大好きです）

❷ 最低500人は＿＿＿＿＿＿＿＿＿＿ようです。（あつまります）

❸ こちらのケーキの方が＿＿＿＿＿＿＿＿＿＿ようです。（おいしいです）

❹ どうやら君の＿＿＿＿＿＿＿＿＿＿ようだね。（負けです）

❺ あの人はこの大学の＿＿＿＿＿＿＿＿＿＿ようだ。（学生ではありません）

2 다음 예문과 같이 「〜らしい」를 사용해 문장을 완성하세요.

> 예　新しく出たデジカメはとても便利<u>らしい</u>。（便利です）[추량]

❶ あの人は国では翻訳家として＿＿＿＿＿＿＿＿＿＿らしい。（ゆうめいです）

❷ 彼は今の会社を辞めて、自分で会社を＿＿＿＿＿＿＿＿＿＿らしい。
（つくります）

❸ 彼女は試験が＿＿＿＿＿＿＿＿＿＿らしい。（うまくいきませんでした）

❹ その映画は想像以上に＿＿＿＿＿＿＿＿＿＿らしい。（おもしろいです）

❺ ここの店のラーメンは＿＿＿＿＿＿＿＿＿＿らしい。（インスタントです）

 다음 예문과 같이 「いただく / くださる / やる」를 사용해 문장을 완성하세요.

> 예   **先週、子供にこづかいをやった。**

❶ 会社の人がお見舞いに果物を ________________________

❷ 先日、親戚のおばさんからお菓子を ________________________

❸ 毎日花に水を ________________________

❹ 昨日、誕生日に先輩から花を ________________________

❺ 私は毎日猫にえさを ________________________

4 다음 예문과 같이 「동사의 ます형 + なさい」를 사용해 문장을 완성하세요.

> 예   **明日も学校があるから早く寝なさい。（寝る）**

❶ 遊んでないで、________________。（勉強する）

❷ 風邪をひくから、コートを ________________。（着て行く）

❸ 部屋が散らかっているから、________________。（かたづける）

❹ 喧嘩しないで、________________。（仲良くする）

❺ 食べる前に、手を ________________。（洗う）

5 다음의 일본어를 한국어로, 한국어를 일본어로 옮기세요.

❶ 大きな声がする。誰かが外で喧嘩をしているようだ。

➡ ______________________________

❷ ６月ですが、真夏(まなつ)のような暑さです。

➡ ______________________________

❸ 犬を広い公園で放(はな)してやった。

➡ ______________________________

❹ 친척 아저씨께 디지털 카메라를 받았습니다.

➡ ______________________________

❺ 새롭게 나온 퍼스널 컴퓨터는 조작이 간단한 것 같습니다.

➡ ______________________________

❻ 이 서류, 체크해 주시지 않겠습니까?

➡ ______________________________

1 다음 예문과 같이 「〜ようだ」를 사용해 이야기해 보세요.

예

ⓐ 電気がきえる　　ⓑ 授業は終わる

A ⓐ 電気がきえていますね。

B ⓑ 授業は終わった **ようです**。 [추량]

❶

ⓐ 消防車が来る　ⓑ 火事がある

❷

ⓐ コートを着る　ⓑ 外は寒い

❸

ⓐ 渋滞する　ⓑ 事故がある

❹

ⓐ 鍵がかかる　ⓑ 留守

❺

ⓐ かさをさす　ⓑ 今、雨が降る

❻

ⓐ ________　ⓑ ________

2 다음 예문과 같이 「〜てくださいませんか」를 사용해 이야기해 보세요.

> 예
>
> ⓐ コピー機が動かない　　ⓑ ちょっと見る
>
> A すみません。ⓐコピー機が動かないので、
> 　ⓑちょっと見てくださいませんか。
> B ええ、いいですよ。

❶ ⓐ 今、手が放せない　　　　　ⓑ 電話に出る

　➡ ____

❷ ⓐ 家に忘れ物をした　　　　　ⓑ ちょっとここで待っている

　➡ ____

❸ ⓐ よく聞こえませんでした　　ⓑ もう一度言う

　➡ ____

❹ ⓐ 服のサイズを間違えました　ⓑ 取り替える

　➡ ____

❺ ⓐ 日本語の小説を読みたい　　ⓑ いい本を紹介する

　➡ ____

❻ ⓐ ______________________　ⓑ ______________________

　➡ ____

消防車(しょうぼうしゃ) 소방차　　火事(かじ) 화재　　渋滞する(じゅうたいする) 정체되다

事故(じこ) 사고　　鍵がかかる(かぎがかかる) 열쇠가 잠기다　　留守(るす) 빈집, 집을 비움

かさをさす 우산을 쓰다　　コピー機(コピーき) 복사기　　動く(うごく) 움직이다

手が放せない(てがはなせない) 손[일손]을 놓을 수가 없다　　サイズ 사이즈, 치수

間違える(まちがえる) 잘못 알다, 착각을 하다　　取り替える(とりかえる) 바꾸다, 교환하다

 track 32

● 아래 예문을 보고 자원봉사자가 어떤 일을 해 주었는지 문장을 만들어 말해 보세요.

> **예** 日本料理の作り方を教える
>
> ➡ ボランティアの方に日本料理の作り方を教えていただきました。
>
> ➡ ボランティアの方が日本料理の作り方を教えてくださいました。

❶ 祭に連れて行く
➡ ____________________
➡ ____________________

❷ 歓迎会を開く
➡ ____________________
➡ ____________________

❸ ゴミの出し方を教える
➡ ____________________
➡ ____________________

❹ 家に招待する
➡ ____________________
➡ ____________________

❺ 浴衣を着せる
➡ ____________________
➡ ____________________

❻ ____________________
➡ ____________________
➡ ____________________

● 다음 예문과 같이 「보통체＋と伝えていただけませんか」를 사용해 이야기해 보세요.

> **예**
>
> ⓐ ただいま　　ⓑ 明日の会議は２時からです
>
> A もしもし。三友商事の江藤ですが、
> 　加藤さんいらっしゃいますか。
>
> B 加藤はⓐ<u>ただいま</u>席を外しておりますが。
>
> A あーそうですか。すみませんが、
> 　ⓑ<u>明日の会議は２時からだ</u>と伝えていただけませんか。
>
> B はい、わかりました。伝えておきます。

❶ ⓐ あいにく　　　　　　ⓑ 明日の会議に出席できません

❷ ⓐ あいにく　　　　　　ⓑ 会議の日程が変更になりました

❸ ⓐ ただいま　　　　　　ⓑ イベントの場所が変わりました

❹ ⓐ ただいま　　　　　　ⓑ 明日の会議に少し遅れます

❺ ⓐ ただいま　　　　　　ⓑ 書類が届きました

❻ ⓐ ＿＿＿＿＿　　　　　ⓑ ＿＿＿＿＿＿＿＿＿＿

새로운 단어

ボ「ラ」ンティア 자원봉사자　　歓迎会(か「んげ「いかい) 환영회　　出し方(だ「しかた) 내놓는 방법

浴衣(ゆ「かた) 유카타 〈면으로 만든 일본의 전통 옷, 목욕 후에 입거나 조금 화려한 것은 여름철 불꽃놀이에 입고

가기도 함〉　　商事(しょ「うじ) 상사　　た「だ「いま 지금, 현재, 방금

席を外す(せ「き「をはずす) 자리를 비우다　　あ「いにく 공교롭게도　　日程(に「ってい) 일정

変更になる(へ「んこうにな「る) 변경되다　　イ「ベント 이벤트　　変わる(か「わる) 변하다, 바뀌다

届く(と「ど「く) 도착하다

일본의 목욕문화와 온천

한국에서는 아침, 회사나 학교에 가기 전 몸도 마음도 산뜻하게 시작한다는 의미에서 샤워를 하는 사람들이 많은 것 같다. 그런데 이웃나라 일본은 하루의 일이 끝나고 녹초가 되어 집에 돌아와 밥을 먹고, 하루의 피곤을 풀어주는 시간으로써 목욕 시간이 있다. 공중목욕탕(銭湯)의 시간도 한국은 이른 아침 일찍인 5시경~밤 9시까지의 영업이 많지만, 일본은 점심때가 지나서 시작하고, 밤 12시경까지 영업하는 곳이 대부분이다.

일본은 습기가 많아 집에서 매일 목욕을 하는데, 한 번 받은 목욕물은 연장자부터 가족 모두가 같이 사용하기 때문에, 욕조 밖에서 씻고 욕조 안에서는 몸을 데운다. 손님이 오면 제일 먼저 쓰라고 권하는데, 이때 깨끗하게 사용하고 욕조의 물은 버리지 말아야 한다.

또한 화산 지역으로 이루어진 특성상 전국 각지에 2,000개가 넘는 여러 성분의 온천이 있다. 유명한 온천으로는 모래 찜질 온천으로 유명한 이브스키 스나무시 온천, 벳부 온천, 구로가와 온천, 아리마 온천, 도고 온천, 아타미 온천, 하코네 온천 등이 있다.

温　おん・あたた(かい)
泉　せん・いずみ
天　てん
気　き
便　べん
利　り
動　どう・うご(く)
外　がい・はず(す)
変　へん・か(わる)
更　こう

13

シロ、座れ。立て

스즈키가 강아지 시로를 데리고 공원을 산책하던 중 박민지와 우연히 만났습니다.

パク　あっ、鈴木先輩、こんにちは。

鈴木　こんにちは。偶然ですね。

パク　犬の散歩ですか。

鈴木　はい。この犬、「シロ」っていうんです。この前、
　　　渡辺さんにシロを預かってもらったんですよ。

パク　はい、知っています。渡辺さんが「シロが本当にかわい
　　　かった」って言っていました。

鈴木　あっ、シロ、そっちに行っちゃだめ。戻ってきなさい。

パク　どうしてだめなんですか。

鈴木　ほらっ、そこに「立ち入り禁止」って書いてあるでしょ。

パク　立ち入り禁止。どういう意味ですか。

鈴木　「入ってはいけない」っていう意味ですよ。

パク　へーっ。

鈴木　シロ、座れ。立て。

パク　　へー、ほんとに言うとおりにするんですね。

鈴木　　このフリスビーを投げてみますね。走れ。

パク　　あっ、取った。うわー、上手ですね。うまくできたら
　　　　えさをやるんですね。

鈴木　　食べるな。

パク　　あっ、ほんとに食べない。

鈴木　　食べろ。

パク　　あっ、食べた。賢いですね。

鈴木　　パクさんもやってみますか。

パク　　はい。食べるな。あっ、食べちゃった。

鈴木　　あはは。

パク　　やっぱり主人の言うこと
　　　　しかきかないんですね。

偶然(ぐ「うぜん) 우연　　戻ってくる(も「ど」ってくる) 돌아오다　　だ「め」 안 됨

立ち入り禁止(た「ちいりきんし) 출입금지　　言うとおり(い「うと」おり) 말하는 대로

フ「リ」スビー 프리즈비 〈던지고 받는 놀이용 원반〉　　投げる(な「げ」る) 던지다　　取る(と「る) 잡다

う「ま」い 잘하다, 솜씨가 좋다　　賢い(か「しこ」い) 현명하다　　主人(しゅじん) 주인

문법해설

1 명령형　　　　　　　　　　　　　　　　　　　　　　～해(라)

상대방에게 어떤 동작을 강요하는 표현이다. 상당히 강한 느낌을 주므로 제한적으로 사용한다.

▶ **동사의 명령형 만들기**

1그룹동사　어미 う단을 え단으로 바꾼다.

かく　➡　か**け**　　　　　　のむ　➡　の**め**

つくる　➡　つく**れ**　　　　あう　➡　あ**え**

かえる(帰る)　➡　かえ**れ** (帰れ)

2그룹동사　어미 る를 ろ로 바꾼다.

おきる　➡　おき**ろ**　　　　とめる　➡　とめ**ろ**

たべる　➡　たべ**ろ**

3그룹동사　불규칙하므로 활용형을 그대로 외운다.

する　➡　**しろ**　　　　　　くる　➡　**こい**

2 금지형 ～な/てはいけない　　　　～하지 마 / 해서는 안 된다

「～な」는 어떤 동작을 하지 말라고 명령할 때 사용한다. 명령형과 마찬가지로 강한 느낌을 주므로 한정된 경우에만 사용한다. 1·2·3그룹동사 모두 기본형에 な를 접속하며, 문말에 온다. 「～てはいけない」는 '～해서는 안 된다'라는 금지를 나타내는 표현이다.

예　電車の中でさわぐ**な**。

スピードを出す**な**。

未成年はお酒を飲ん**ではいけない**。

ここでたばこを吸っ**てはいけない**。

～という意味です

~라는 뜻입니다

어떤 말의 정의를 나타내거나 그림, 마크, 표식 등의 의미를 설명할 때 사용한다.

예 この標識は「右へ曲がるな」という意味です。

「禁煙」は「たばこを吸ってはいけない」という意味です。

4　～と書いてあります／読みます ~라고 쓰여져 있습니다 / 읽습니다

쓰여진 내용이나 문자 읽는 법을 알려줄 경우, 그 내용을 と로 받아서 표현한다.

예 あそこに「お知らせ」と書いてあります。

A：「使用中」これは何と読みますか。

B：「しようちゅう」と読みます。

5　文章(보통체) ＋ と言っていました ~라고 말했습니다

제3자의 말을 인용할 때는 「～と言いました」 전달할 때는 「～と言っていました」를 쓴다.

예 田中さんは郵便局へ行くと言っていました。

鈴木さんは30分ぐらいで戻ると言っていました。

새로운 단어

さわぐ 떠들다, 소동을 일으키다　　スピード 스피드　　未成年(みせいねん) 미성년

標識(ひょうしき) 표식　　曲がる(まがる) 돌다　　禁煙(きんえん) 금연

お知らせ(おしらせ) 알림　　使用中(しようちゅう) 사용중

1 다음 동사의 명령형과 금지형을 만들고 각각 그 뜻을 쓰세요.

	기본형	명령형	뜻	금지형	뜻
I	かく				
	およぐ				
	のむ				
	あそぶ				
	すわる				
	いう				
	たつ				
	だす				
II	さげる				
	でる				
	みる				
	おりる				
III	する				
	くる				

2 다음 예문을 보고 명령형이나 금지형, 「～と言いました」를 사용해 문장을 완성하세요.

예1 子供のころ、父はよく私に「勉強しろ」と言いました。
（勉強する）

예2 子供のころ、父はよく私に「うそをつくな」と言いました。
（うそをつく）

❶ 子供のころ、父はよく私に＿＿＿＿＿＿＿＿＿＿＿＿＿＿＿＿＿（本をよむ）

❷ 子供のころ、父はよく私に ＿＿＿＿＿＿＿＿＿＿＿＿＿＿＿＿ （早くねる）

❸ 子供のころ、父はよく私に ＿＿＿＿＿＿＿＿＿＿＿＿＿＿＿＿ （約束をまもる）

❹ 子供のころ、父はよく私に ＿＿＿＿＿＿＿＿＿＿＿＿＿＿＿＿ （すぐあきらめる）

❺ 子供のころ、父はよく私に ＿＿＿＿＿＿＿＿＿＿ （自分のことは自分でする）

3 다음의 일본어를 한국어로, 한국어를 일본어로 옮기세요.

❶ 奥様にお土産のお菓子がとてもおいしかったと伝えていただけませんか。

➡ ＿＿＿＿＿＿＿＿＿＿＿＿＿＿＿＿＿＿＿＿＿＿＿＿

❷ 「飲んだら乗るな」と書いてありますね。飲酒運転はだめだという意味です。

➡ ＿＿＿＿＿＿＿＿＿＿＿＿＿＿＿＿＿＿＿＿＿＿＿＿

❸ あの漢字は「きちょうひん」と読みます。

➡ ＿＿＿＿＿＿＿＿＿＿＿＿＿＿＿＿＿＿＿＿＿＿＿＿

❹ 저것은 「차내에서는 휴대전화를 사용하지 마라」라는 의미입니다.

➡ ＿＿＿＿＿＿＿＿＿＿＿＿＿＿＿＿＿＿＿＿＿＿＿＿

❺ 저곳에 「복도에서는 조용히」라고 쓰여져 있습니다.

➡ ＿＿＿＿＿＿＿＿＿＿＿＿＿＿＿＿＿＿＿＿＿＿＿＿

❻ A 이 한자는 무엇이라고 읽습니까?

➡ ＿＿＿＿＿＿＿＿＿＿＿＿＿＿＿＿＿＿＿＿＿＿＿＿

B 「おすすめ」と読みます。

➡ ＿＿＿＿＿＿＿＿＿＿＿＿＿＿＿＿＿＿＿＿＿＿＿＿

새로운 단어

飲酒運転(い「んしゅう」んてん) 음주운전　貴重品(き「ちょうひん) 귀중품
車内(しゃ「ない) 차내, 차 안　お「すすめ 추천, 권유

◉ track 34

1 다음 예문과 같이 「～と読みます」를 사용해 이야기해 보세요.

> 예
>
> 故障
>
> **A** これは何と読みますか。
>
> **B** 「こしょう」と読みます。

❶ 「自動販売機」

➡ ____________________________________

❷ 「非常口」

➡ ____________________________________

❸ 「営業中」

➡ ____________________________________

❹ 「使用禁止」

➡ ____________________________________

❺ 「職員専用」

➡ ____________________________________

❻ 「割引」

➡ ____________________________________

2 다음 예문과 같이 「～という意味です」를 사용해 이야기해 보세요.

> 예
>
> ⓐ 看板（かんばん）　　ⓑ ここで携帯電話で話す
>
> A すみません。 このⓐ看板はどういう意味ですか。
>
> B ⓑここでは携帯電話で話すな**という意味です**。
>
> A わかりました。 どうもありがとうございました。

❶ ⓐ 標識　　　　ⓑ 中に入る

➡ ___________________________________

❷ ⓐ 看板　　　　ⓑ さわる

➡ ___________________________________

❸ ⓐ 看板　　　　ⓑ ここに車を止める

➡ ___________________________________

❹ ⓐ 看板　　　　ⓑ ここで魚（さかな）を釣（つ）る

➡ ___________________________________

❺ ⓐ 看板　　　　ⓑ ここにゴミを捨てる

➡ ___________________________________

❻ ⓐ ________　　ⓑ ________

➡ ___________________________________

새로운 단어

自動販売機 (じ「どうはんば「いき) 자동판매기　　非常口 (ひ「じょ「うぐち) 비상구

営業中 (え「いぎょうちゅう) 영업중　　使用禁止 (し「ようきんし) 사용금지

職員専用 (しょ「く「いんせ「んよう) 직원전용　　割引 (わ「りびき) 할인　　看板 (か「んばん) 간판

魚を釣る (さ「かなをつる) 물고기를 낚다

● B가 되어서 A가 말한 것을 C에게 전달해 보세요.

> **예** 授業に10分遅れそうです
>
> ➡ Cさん、Aさんが授業に10分遅れそうだと言っていましたよ。

❶ ノートを見せてほしいです

➡ _________________________________

❷ プリントをコピーさせてほしいです

➡ _________________________________

❸ 私達<ruby>達<rt>たち</rt></ruby>3人でご飯を食べたいです

➡ _________________________________

❹ 借りた本は明日返します

➡ _________________________________

❺ 5時からアルバイトに行くつもりです

➡ _________________________________

❻ _________________________________

➡ _________________________________

새로운 단어

遅れる(お「くれる) 늦다, 지각하다　　〜達(〜「たち) 〜들 〈사람·생물을 나타내는 말에 붙어 복수를 나타냄〉

投	投	投			
とう・な(げる)					
主	主	主			
しゅ・ぬし					
人	人	人			
じん・ひと					
飲	飲	飲			
いん・の(む)					
酒	酒	酒			
しゅ・さけ					
駐	駐	駐			
ちゅう					
車	車	車			
しゃ・くるま					
禁	禁	禁			
きん					
止	止	止			
し・と(める)					
魚	魚	魚			
ぎょ・さかな					

英語の発音を
ほめられました

◉ track 35

パク　鈴木先輩は英語が話せますか。

鈴木　あまり上手じゃないですけど、少し話せます。中学生のとき、先生に英語の発音をほめられてから、英語が好きになりました。

パク　そうですか。中学生のとき、私はまじめに勉強しなくて、よく先生にしかられていました。英語はぜんぜんわかりません。

鈴木　でも、日本語は上手ですよね。

パク　まだまだ上手ではありません。でも、中学生のときから日本のマンガやアニメに夢中になって、自然に日本語が好きになりました。鈴木先輩は中学生のとき、なにか夢中になったものはありますか。

鈴木　　そうですね。特にありません。親に塾に通わされたり、ピ
アノを習わされたりして、忙しかったので。

パク　　へえ。鈴木先輩の通っていた中学校はどこですか。

鈴木　　だいぶ前に建てられたので、何年か前に壊されてしまい
ました。

パク　　そうですか。自分が通っていた学校がなくなると、
さびしいですよね。

発音(は「つおん) 발음　　少し(す「こ」し) 조금, 약간　　し「かる 야단치다, 혼내다　　ぜ「んぜん 전혀
ま「だまだ 아직 〈まだ의 힘준말〉　　マ「ンガ 만화　　ア「ニメ 애니메이션
夢中になる(む「ちゅうにな」る) 열중하다　　自然に(し「ぜんに) 자연스럽게　　習う(な「ら」う) 배우다
だ「いぶ 상당히, 꽤　　建てる(た「て」る) 세우다　　何年か(な「んねんか) 몇 년인가
壊す(こ「わ」す) 부수다, 허물다

1 수동형(受身形)

수동형은 주어가 타인에게 '~함을 당하다'라는 뜻이다. 누군가에게 받은 행위, 폐, 불쾌하게 느낀 체험 등 자기 의지와 관계없이 어떤 행동을 당할 때 수동 표현을 사용할 수 있다. 또 사물의 상황이나 사실을 표현할 때 수동 표현을 사용하면 객관적으로 설명할 수 있어서 사실 묘사, 보도문 등에 많이 쓰인다.

주의 수동형으로 만들 수 없는 동사 : 見つかる, ある, 要る, かかる, 見える, 聞こえる 등.

▶ 동사의 수동형 만들기

1그룹동사　어미 う단을 あ단으로 바꾸고 れる를 붙인다.

かく　→　かかれる 쓰여지다　　　よむ　→　よまれる 읽혀지다

つくる　→　つくられる 만들어지다　おもう　→　おもわれる 생각되다

2그룹동사　어미 る를 없애고 られる를 붙인다.

ほめる　→　ほめられる 칭찬받다　　たべる　→　たべられる 먹히다

3그룹동사　각각 불규칙적으로 변한다.

する　→　される 되다　　　　　くる　→　こられる 오다

● 〈사람〉은 ～に + 수동형

  예 私は先生にほめられました。

  昨日、雨にふられました。〈자동사〉

● 〈사람〉은 ～に〈소유물〉を + 수동형

  예 私はすりに財布をとられました。

● 〈사물〉이が[は] + 수동형

  예 日本の車はいろいろな国へ輸出されています。

● 〈사물〉은 ～によって + 수동형

  예 『坊っちゃん』は夏目　石によって書かれました。

　주의　• 수동형의 ます형, ない형, て형, た형 활용은 2그룹동사 활용과 같다.
　　• 書く, 作る, 発見[発明]する, 翻訳する, 設計する 등 창조에 관한 단어가 수동형으로 사용되는 경우, 그 동작의 주체(유명인, 저명인)는 ～によって로 표현한다.

「XがYにVさせる」라는 사역문을 Y의 시점에서 바꿔 말하면 수동문「YがXにVさせられる」가 된다. X에게 강제로 당하거나 억지로 요구받을 때 쓰는 표현으로, Y가 迷惑だ·いやだ라고 생각하는 경우에 사용한다.

▶ **동사의 사역수동형 만들기**

1그룹동사　어미가 う단을 あ단으로 바꾸고 せられる를 붙인다.

のむ　➡　の**ませられる**(＝のまされる) 억지로 마시다

あう　➡　あ**わせられる**(＝あわされる) 억지로 만나다

つくる　➡　つく**らせられる**(＝つくらされる) 억지로 만들다

주의　1그룹동사의 경우, 회화체에서 せられる는 される로 바꿀 수도 있다. 단, はなす와 같이 す로 끝나는 동사는 はなさせられる로 바꿔야한다.(はなさされる는 틀림)

예　先輩にお酒をの**まされた**。

母に無理やり勉強**させられた**。

休んでいるところ、母に洗濯物を干^ほ**させられました**。

2그룹동사　어미 る를 없애고 させられる를 붙인다.

みる　➡　み**させられる** 억지로 보다

たべる　➡　たべ**させられる** 억지로 먹다

3그룹동사　각각 불규칙적으로 변한다.

する　➡　**させられる** 억지로 하다

くる　➡　**こさせられる** 억지로 오다

새로운 단어

す｜り 소매치기　　い｢ろいろだ 여러 가지다 〈な형용사〉　　**輸出する**(ゆ｢しゅつする) 수출하다

無理やり(む｢りやり) 억지로, 강제로　　**干す**(ほ｣す) 말리다

1 다음 동사를 수동형으로 만들고 그 뜻을 쓰세요.

	기본형	수동형	뜻
I	かく		
	ふむ		
	よぶ		
	とる		
	いう		
	まつ		
	おす		
II	ほめる		
	しらべる		
	みる		
III	する		
	くる		

2 다음 예문과 같이 「〈사람〉は ～に＋수동형」을 사용해 문장을 바꾸세요.

> **예**　子供の頃、母はよく私をしかりました。
> ➡　子供の頃、私はよく母にしかられました。

❶ 毎朝母は私をおこします。　➡ ____________________

❷ 吉田さんは私を家に招待しました。　➡ ______________

❸ 先生は私を呼びました。　➡ ____________________

❹ 課長が私に仕事をたのみました。　➡ ______________

❺ 世宗大王はハングルをつくりました。　➡ ____________

3 다음 동사를 사역수동형으로 만들고 그 뜻을 쓰세요.

	기본형	사역수동형	뜻
I	かく		
	いそぐ		
	のむ		
	はこぶ		
	つくる		
	てつだう		
	もつ		
	なおす		
II	たべる		
	しらべる		
	いる		
III	する		
	くる		

4 다음 예문과 같이 「사역수동형」을 사용해 문장을 바꾸세요.

> 예　課長は山下さんを毎日遅くまで残業させている。
> ➡ 山下さんは課長に毎日遅くまで残業させられている。

❶ 社長は野口さんを海外へ転勤させた。　➡ _______________

❷ 昨日のサッカーの試合に最後まではらはらした。　➡ _______________

❸ 母親は息子の成績にがっかりした。　➡ _______________

❹ 子供の頃、近所の子供がよく私を泣かせた。　➡ _______________

❺ 電車の故障のせいで、30分も電車を待った。　➡ _______________

5 다음의 일본어를 한국어로, 한국어를 일본어로 옮기세요.

❶ せまい部屋でタバコをすわれると、気分が悪くなる。

➡ ____

❷ 飼っていた鳥に逃げられてしまった。

➡ ____

❸ 警官は犯人に足を撃たれた。

➡ ____

❹ 나는 옆 사람에게 발을 밟혔습니다.

➡ ____

❺ 어젯밤, 역 앞의 백화점에서 다이아몬드를 도둑맞았다.

➡ ____

❻ 다음 달 일본 차(車)의 새로운 모델이 발매된다.

➡ ____

일본의 축제 (祭り)

▲ 교토(京都)의 기온 마츠리(祇園祭り)

일본의 마츠리(祭り)는 신사와 절을 중심으로 행해져 왔는데 풍작, 상업 번영, 역병 퇴치, 무병 장수, 가내 안전 등을 위해 기원한다. 또한 그 기원의 성취에 대한 감사, 각 절기의 연중행사의 발전, 또 위인의 영을 달래기 위한 것 등 그 목적과 개최 시기, 행사 내용에 따라 다양하다. 요즘은 지역 사회의 화합과 단결을 위해 각 지방의 특색을 담은 크고 작은 마츠리가 많다.

유명한 마츠리로는 삿포로(札幌)의 유키 마츠리(雪祭り), 아오모리(青森)의 네부타 마츠리(ねぶた祭り), 교토(京都)의 기온 마츠리(祇園祭り), 하카타(博多)의 돈타쿠 마츠리(どんたく祭り) 등이 있다.

▲ 삿포로(札幌)의 유키 마츠리(雪祭り)

▲ 아오모리(青森)의 네부타 마츠리(ねぶた祭り)

1 다음 예문과 같이 수동형을 사용해 이야기해 보세요.

❶ ⓐ 電車の中で　　　　　ⓑ 財布をとる

➡ ___________________________________

❷ ⓐ レストランで　　　　ⓑ 服をよごす

➡ ___________________________________

❸ ⓐ 電車の中で　　　　　ⓑ かばんをまちがえる

➡ ___________________________________

❹ ⓐ 弟に　　　　　　　　ⓑ パソコンをこわす

➡ ___________________________________

❺ ⓐ 彼女に　　　　　　　ⓑ ふる

➡ ___________________________________

❻ ⓐ ___________　　　　ⓑ ___________

➡ ___________________________________

2 다음 예문과 같이 수동형을 사용해 이야기해 보세요.

> **예**
> - ⓐ 飛行機
> - ⓑ 誰によって
> - ⓒ 発明する
> - ⓓ ライト兄弟(きょうだい)によって
>
> A ⓐ飛行機は ⓑ誰によって ⓒ発明されましたか。
> B ⓓライト兄弟によって ⓒ発明されました。

❶ ⓐ 源氏物語(げんじものがたり)　　ⓑ 誰によって　　ⓒ 書く　　ⓓ 紫式部(むらさきしきぶ)によって

➡ ____

❷ ⓐ このお寺(てら)　　ⓑ いつ　　ⓒ 建てる　　ⓓ 500年前に

➡ ____

❸ ⓐ となりのトトロ　　ⓑ 誰によって　　ⓒ つくる　　ⓓ 宮崎駿(みやざきはやお)によって

➡ ____

❹ ⓐ この絵　　ⓑ 誰によって　　ⓒ 描(か)く　　ⓓ ピカソによって

➡ ____

❺ ⓐ この遺跡(いせき)　　ⓑ いつ　　ⓒ 発見する　　ⓓ 70年前に

➡ ____

❻ ⓐ ______　　ⓑ ______　　ⓒ ______　　ⓓ ______

➡ ____

새로운 단어

踏む(ふ「む) 밟다　　ふ「る 거절하다, 퇴짜 놓다　　**ライト兄弟**(ラ「イトきょ「うだい) 라이트 형제

源氏物語(げ「んじものが「たり) 겐지이야기 〈일본의 고전 장편소설〉

紫式部(む「らさきし「きぶ) 무라사키 시키부 《겐지이야기》를 쓴 여류작가〉　　**寺**(て「ら) 절

と「なりのト「トロ 《이웃집의 토토로》 〈미야자키 하야오의 애니메이션〉　　宮崎駿(み「や「ざきは「やお)

미야자키 하야오 〈애니메이션 감독, 《센과 치히로의 행방불명》《원령공주》등 다수〉

描く(か「く) (그림을) 그리다　　ピ「カソ 피카소　　遺跡(い「せき) 유적

● 다음 예문과 같이 보기에서 알맞은 동사를 골라 문장을 완성하세요.

예　この小説はいろいろな言葉に
　　翻訳されています。

보기

翻訳する　　輸入する(ゆにゅう)　　はいる　　食べる　　ひらく
生産する(せいさん)　　見る　　輸出する　　出る　　使う

❶ 日本のアニメはいろいろな国に ______________________________

❷ 英語は多くの国で ______________________________

❸ 米(こめ)はたくさんの国で ______________________________

❹ この工場(こうじょう)では毎月(まいつき)テレビが2000台(だい) ______________________________

❺ さまざまな食料(しょくりょう)が日本に ______________________________

❻ 1964年に東京でオリンピックが ______________________________

새로운 단어

輸入する(ゆにゅうする) 수입하다　　米(こめ) 쌀　　工場(こうじょう) 공장　　毎月(まいつき) 매월
さまざまだ 여러 가지다, 가지각색이다　　食料(しょくりょう) 식료, 식대　　オリンピック 올림픽

夢 む・ゆめ	夢	夢				
中 ちゅう・なか	中	中				
建 けん・た(てる)	建	建				
踏 とう・ふ(む)	踏	踏				
残 ざん・のこ(す)	残	残				
業 ぎょう	業	業				
海 かい・うみ	海	海				
外 がい・そと	外	外				
呼 こ・よ(ぶ)	呼	呼				
米 まい/べい・こめ	米	米				

15

<ruby>大<rt>たい</rt></ruby><ruby>変<rt>へん</rt></ruby>お<ruby>世<rt>せ</rt></ruby><ruby>話<rt>わ</rt></ruby>に
なりました

🔘 track 37

박민지는 한국으로 돌아온 후, 일본에서 신세졌던 와타나베 씨에게 감사의 편지를 씁니다.

渡辺広志　様

拝啓

だんだん寒くなってきましたが、いかがお過ごしでしょうか。

日本では大変お世話になりました。渡辺さんのおかげで、楽しい思い出がたくさんできました。心から感謝しております。

韓国に戻ってきてから、私は就職活動をしております。韓国で日本語が使える仕事をしたいと思っております。仕事を探すのは大変ですが、一生懸命がんばります。

渡辺さん、今度お休みを取られるときは、ぜひ、韓国に遊びにいらっしゃってください。私がご案内いたします。また、おいしい韓国料理屋へお連れいたします。

では、お体にお気をつけください。またお会いできるのを楽しみ

にしております。

奥様にもよろしくお伝えください。

敬具

12月3日

パク　ミンジ

拝啓(は「いけい) 삼가 아룁니다 〈편지 머리에 쓰는 말〉　　だ「んだん 점점 더
い「か「が 어떻게 〈상대의 기분, 의견 등을 묻는 말〉　　過ごす(す「ご」す) 지내다
世話になる(せ「わ」になる) 신세를 지다　　お「かげで 덕분에　　思い出(お「もいで) 추억
心から(こ「ころ」から) 마음으로부터, 진심으로　　感謝する(か「んしゃする) 감사하다
就職活動(しゅ「うしょくか「つどう) 취직활동　　探す(さ「がす) 찾다　　が「んば」る 힘내다
休みを取る(や「すみ」をとる) 쉬는 시간을 가지다, 휴가를 잡다
い「らっしゃ」る 가시다, 오시다, 계시다 〈行く, 来る, いる의 존경 표현〉
料理屋(りょ「うりや) 요리집, 식당　　敬具(け「いぐ) 편지 끝의 인사말

▶ 경어는 크게 존경어, 겸양어, 정중어로 나누어진다.

1 존경 표현　～(ら)れる

말하는 사람과 화제에 오른 사람의 행동과 상태, 소유물 등을 높여 말하는 표현. 또 물건이나 사람 등에도 접두어 お를 붙여서 존경을 나타낸다. 주로 고유어에는 お, 한자어 앞에는 ご를 붙인다.

예 お手紙　　お車　　ご家族　　ご兄弟　　예외 お電話

藤井先生はさっき出かけられました。

社長はもう帰られました。

2 존경 표현　お + 동사의 ます형 + になる

～(ら)れる보다 더 높은 경의를 나타낸다. 3그룹동사와 います, 寝ます, 見ます 등 ます형 앞이 1음절인 동사는 이 형태를 사용할 수 없다.

예 どうぞ、席におかけになってお待ちください。

この絵は山本さんがお描きになったそうです。

3 존경 표현　お + 동사의 ます형 + ください

의뢰 표현인 「～てください」의 존경 표현이다.

예 席にお戻りください。

気をつけてお帰りください。

4

특별한 존경어

단어 자체에 존경의 뜻을 가지고 있는 동사이다.

기본형	존경어
いく	
くる	いらっしゃる
いる	
たべる	
のむ	めしあがる
いう	おっしゃる
しる	ごぞんじだ
みる	ごらんになる
する	なさる
くれる	くださる

예 田中さんはもういらっしゃいましたか。

お客様、何になさいますか。

5 ## 겸양 표현 お + 동사의 ます형 + する/いたす
ご + 동작성 명사 + する/いたす

말하는 사람이 자신의 행동을 낮춰서 표현함으로써 듣는 사람과 화제에 오른 사람에게 경의를 나타내게 된다.

예 私がお持ちします。

私がご説明いたします。

6 ## 특별한 겸양어

단어 자체에 겸양의 뜻을 가지고 있는 동사이다.

기본형	겸양어
いく	まいる
くる	
いる	おる
たべる	いただく
のむ	
もらう	
いう	もうす
しる	ぞんじる
おもう	
みる	はいけんする
する	いたす
きく	うかがう
訪問する	
あげる	さしあげる
あう	お目にかかる

예 先日、横田さんのお母様にお目にかかりました。

先日は高価なものをいただきまして、ありがとうございます。

7 정중어

보통체에 대조되는 표현으로, 듣는 사람에게 경의를 나타내기 위해 사용하는 정중한 표현이다. です, ます, でしょう, ましょう, ございます 등이 여기에 속한다.

예 黒いかばんはこちらにございます。

お茶をいただいてもよろしいでしょうか

手紙(てがみ) 편지　席(せき) 자리, 좌석　お母様(おかあさま) 어머님　高価(こうか) 고가, 비싼 가격

1 아래의 표를 완성하세요.

	기본형	존경 표현	겸양 표현
I	きく		
	いそぐ		
	よむ		
	よぶ		
	かえる		
	あう		
	まつ		
	はなす		
II	かける		
	でる		
	おきる		
	おりる		
III	する		
	くる		

2 다음 예문과 같이 존경 표현 「〜(ら)れる」를 사용해 문장을 바꾸세요.

> **예** その本、もう読みましたか。
>
> ➡ その本、もう読まれましたか。

❶ たばこは吸いますか。　➡ ______________________________

❷ 毎日、料理をしますか。　➡ ______________________________

❸ 山本さんに会いましたか。　➡ ______________________________

❹ 今日は何時に起きましたか。　➡ ______________________________

❺ 駅にもう到着しましたか。　➡ ______________________________

3 다음 예문과 같이 「お＋동사의 ます형＋になる」「お＋동사의 ます형＋する/いたす」
「ご＋동작성 명사＋する/いたす」를 사용해 문장을 알맞게 바꾸세요.

> **예1** このケーキは先生の奥様が作りました。
>
> ➡ このケーキは先生の奥様がお作りになりました。
>
> **예2** 私が工場を案内します。
>
> ➡ 私が工場をご案内いたします。

❶ 出張の予定はいつも部長が決めます。　➡ ______________________________

❷ 私がお茶を入れます。　➡ ______________________________

❸ この絵は山崎さんが描いたそうです。　➡ ______________________________

❹ 私が駅まで車で送ります。　➡ ______________________________

❺ 後でこちらから連絡します。　➡ ______________________________

4 다음 예문과 같이 특별 존경어 · 특별 겸양어를 사용해 문장을 바꾸세요.

> 예 　もう、夕食はめしあがりましたか。(たべましたか)

❶ A 日本製薬の安田さんを＿＿＿＿＿＿＿＿＿＿＿＿＿＿ (しっていますか)

　 B いいえ、＿＿＿＿＿＿＿＿＿＿＿＿＿＿＿＿＿＿ (しりません)

❷ 今日 3 時にお宅へ＿＿＿＿＿＿＿＿＿ よろしいですか。(訪問しても)

❸ そちらの書類を＿＿＿＿＿＿＿＿＿＿＿ よろしいですか。(みても)

❹ 吉田さんはどちらに＿＿＿＿＿＿＿＿＿＿＿＿＿＿＿ (いますか)

❺ 佐藤と＿＿＿＿＿＿＿＿＿＿＿＿＿＿＿＿＿＿＿＿＿ (いいます)

　 初めて＿＿＿＿＿＿＿＿＿＿＿＿＿＿＿＿＿＿＿＿＿ (あいます)

5 다음의 일본어를 한국어로, 한국어를 일본어로 옮기세요.

❶ どうぞ、ご遠慮なく、めしあがってください。

　➡ ＿＿＿＿＿＿＿＿＿＿＿＿＿＿＿＿＿＿＿＿＿＿＿＿＿

❷ 車内で携帯電話のご使用はお控えください。

　➡ ＿＿＿＿＿＿＿＿＿＿＿＿＿＿＿＿＿＿＿＿＿＿＿＿＿

❸ 죄송합니다만 10분 정도 기다려 주세요.

　➡ ＿＿＿＿＿＿＿＿＿＿＿＿＿＿＿＿＿＿＿＿＿＿＿＿＿

❹ 사장님, 내일 몇 시에 떠나십니까?

　➡ ＿＿＿＿＿＿＿＿＿＿＿＿＿＿＿＿＿＿＿＿＿＿＿＿＿

새로운 단어

出張(しゅっちょう) 출장　　予定(よてい) 예정　　部長(ぶちょう) 부장님

お茶を入れる(おちゃをいれる) 차를 끓이다[내다]　　送る(おくる) 보내다

夕食(ゆうしょく) 저녁 식사　　製薬(せいやく) 제약　　お宅(おたく) 댁

控える(ひかえる) 삼가다, 대기하다　　申し訳ない(もうしわけない) 죄송하다, 면목 없다

회화연습

track 38

1 다음 예문과 같이 「〜(ら)れる」와 「お＋동사의 ます형＋になる」를 사용해 이야기해 보세요.

예

家を建てる

A 家を建てられたそうですね。

B ええ。

A いつお建てになったんですか。

B 3ヶ月前に建てました。

❶ 会社を辞める

➡ ______________________________

❷ 新しい仕事を始める

➡ ______________________________

❸ 息子さんが帰る

➡ ______________________________

❹ 車を買う

➡ ______________________________

❺ 庭をつくる

➡ ______________________________

❻ ______________

➡ ______________________________

> **예**
>
> 家に泊まる
>
> A 今度、韓国へ行くことになりました。
> B そうですか。ぜひ、家にお泊まりください。

❶ 日程を知らせる

➡ ____

❷ 家に寄る

➡ ____

❸ 楽しい時間を過ごす

➡ ____

❹ 韓国料理を楽しむ

➡ ____

❺ 韓国のお酒を試す

➡ ____

❻ ______________

➡ ____

새로운 단어

泊まる(と「まる) 숙박하다, 묵다　　日程(に「ってい) 일정　　知らせる(し「らせる) 알리다

寄る(よ「る) 들르다　　楽しむ(た「のし「む) 즐기다　　試す(た「め「す) 시험해 보다

◉ track 39

● 다음 예문과 같이 두 사람씩 짝을 지어 이야기해 보세요.

예　ⓐ ただいま　　ⓑ 席をはずす

A はい、富士物産でございます。
B あのー、三井さんいらっしゃいますか。
A 三井ですか。ⓐ ただいま ⓑ 席をはずしておりますが…。
B そうですか。では、またお電話いたします。

❶ ⓐ ただいま　　　　　ⓑ 別の電話に出る

➡ ______________________________________

❷ ⓐ 本日は　　　　　ⓑ 休みをいただく

➡ ______________________________________

❸ ⓐ 先程から　　　　　ⓑ 会議に出席する

➡ ______________________________________

❹ ⓐ 先週から　　　　　ⓑ 出張する

➡ ______________________________________

❺ ⓐ 本日は　　　　　ⓑ 早退させていただく

➡ ______________________________________

❻ ⓐ ______________　　ⓑ ______________

➡ ______________________________________

● 다음 문장의 내용에 알맞게 괄호 안의 동사를 존경어 또는 겸양어로 바꾸어 쓰세요.

❶ 来週、父が韓国に ________________________________ （いく）

❷ 私は昨日、山田さんの家ですき焼きを ________________________________ （たべる）

❸ 先生は先週のパーティーに ________________________________ （こない）

❹ 松本部長はただ今、出張で海外に ________________________________ （いる）

❺ 木村社長、さしみをもっと ________________________________ （たべますか）

❻ 誕生日に藤井さんから花を ________________________________ （もらった）

過	過	過				
か・す(ごす)						
心	心	心				
しん・こころ						
探	探	探				
たん・さが(す)						
体	体	体				
たい・からだ						
送	送	送				
そう・おく(る)						
夕	夕	夕				
ゆう						
食	食	食				
しょく・た(べる)						
宅	宅	宅				
たく						
泊	泊	泊				
はく・と(まる)						
試	試	試				
し・ため(す)						

부록

- 본문 회화 해석
- イ형용사 · ナ형용사 활용표
- 동사 활용표

01 • 같이 버리지 마세요

박 : 안녕하세요.

관리인 : 박(민지)씨, 안녕하세요? 빠르네요. 그거 버리는 겁니까?

박 : 아, 예.

관리인 : 페트병과 캔은 같이 버리지 마세요. 나눠서 내놓아 주세요.

박 : 그래요? 몰랐어요. 죄송합니다.

관리인 : 아니요, 아니요.

박 : 아, 그거랑 음식물 쓰레기 버리는 날은 언제예요?

관리인 : 월요일과 목요일입니다. 오전 8시까지 내놓아 주세요.

박 : 예. 잡지와 신문도 나눠 놓지않으면 안 되나요?

관리인 : 그건 나누지 않아도 됩니다.

박 : 그래요? 알겠습니다.

02 • 오늘 시험은 어땠어?

기무라 : 민지야, 오늘 시험은 어땠어?

박 : 별로 잘 보지 못했어.

기무라 : 그렇구나. 어려웠어?

박 : 어렵지는 않았는데 말이야. 문제가 많아서 시간이 부족했어.

기무라 : 그랬구나.

박 : 기무라 선배는?

기무라 : 나는 내일까지 레포트를 써야 돼.

박 : 그래? 어떤 레포튼데?

기무라 : 음…. '일본과 한국의 식문화'라는 테마야.

박 : 헤~ 재밌을것 같네.

기무라 : 하지만 내일까지 끝날지 걱정이야.

박 : 그렇구나. 나 시험 끝나서 시간이 있으니까 도와줄게.

기무라 : 진짜? 고마워. 다음에 한턱낼게.

03 • 낫토도 먹을 줄 알아요?

스즈키 : 박(민지) 씨, 일본의 음식은 좋아해요?

박 : 네, 좋아해요. 특히 낫토를 좋아해요.

스즈키 : 에? 낫토도 먹을 줄 알아요? 냄새가 나서 못먹는 사람도 많아요.

박 : 네. 처음에는 냄새도 나고 끈적끈적해서 못 먹었는데요, 지금은 먹을 수 있게 됐어요.

스즈키 : 한국 음식 먹고 싶지 않아요?

박 : 그렇죠. 그래서 가끔 제가 한국요리를 만들어서 모두 함께 먹어요.

스즈키 : 헤~, 어떤 요리를 만들어요?

박 : 음~, 그게요. 비빔밥이나 찌개 같은거….

스즈키 : 그럼 김치찌개도 만들 줄 알아요?

박 : 네, 물론이죠. 잘하는 요리 중 하나예요. 다음에 만들까요?

스즈키 : 괜찮아요? 좋아라~. 꼭 부탁해요.

04 • 한자가 너무 많아서 조금 읽기 힘들어요

박 : 스즈키 선배, 뭔가 재미있는 책은 없어요?

스즈키 : 책? 갑자기 무슨 일이에요?

박 : 요즘 일본어 공부를 위해서 나츠메 소세키 소설을 읽기 시작했어요.

스즈키 : 그래요? 무엇을 읽고 있어요?

박 : '도련님'이에요. 하지만 한자가 너무 많아서 조금 읽기 힘들어요. 좀더 읽기 쉬운 것은 없나요?

스즈키 : 그랬군요. 그럼 이건 어때요?

박 : 아, 이건 한자도 적고 읽기 쉬울 것 같네요.

스즈키 : 그리고 이 책도 재밌는데, 조금 어려울지도 모르겠네요.

박 : 그래요? 그럼, 역시 이걸로 할게요. 1주일 정도 빌려도 돼요?

스즈키 : 좋아요.

박 : 고맙습니다.

05 • 전에 여행 왔을 때, 가려고 했는데

와타나베 : 박(민지) 씨, 후지산은 알고 있죠? 간 적 있습니까?

박 : 물론 알고 있죠. 전에 여행 왔을 때 가려고 했는데, 시간이 없어서 못 갔어요. 가보고

싶다고 생각했어요.

와타나베 : 그래요? 그럼 다음 주 토요일에 같이 보러 가지 않을래요?

박 : 에? 정말요?

와타나베 : 모처럼 일본에 있으니까요.

박 : 고맙습니다. 토요일은 몇 시쯤 출발해요?

와타나베 : 아침 8시 반에 출발할 예정이에요.

박 : 알겠습니다.

와타나베 : 그날 날씨가 좋으면 아름다운 후지산을 볼 수 있을 겁니다.

박 : 그럼, 카메라를 잊지 않고 가져갈게요.

06 • 한국에 돌아가려고 생각합니다

기무라 : 민지야, 여름방학 때 뭐할 생각이야?

박 : 한국에 한 달 정도 가 있으려고 생각해.

기무라 : 그렇구나.

박 : 엄마도 보고 싶어하시거든.

기무라 : 그렇겠다. 쓸쓸해하실거야.

박 : 나도 조금 향수병에 걸린 것 같아.

기무라 : 가족을 만나서 푹 쉬고 오는게 좋겠다.

박 : 응, 그렇게. 그런데 기무라 선배는 여름방학 때 뭐해?

기무라 : 친구가 서핑을 시작하고 싶다고 해서, 같이 바다에 가려구 해.

박 : 에? 기무라 선배 서핑 할 수 있어?

기무라 : 응. 대학교 1학년 때 시작했는데, 아주 좋아해. 그래서 여름이 되면 바다에 가고 싶어지지.

박 : 그럼, 여름방학이 몹시 기다려지겠네.

07 • 만약 시간 있으면 같이 안 갈래?

박 : 기무라 선배. 내일 시간 있어? 만약 시간 있으면 같이 도쿄 타워 보러 안 갈래?

기무라 : 어라? 아직 간 적 없어?

박 : 응. 사진으로 본 적은 있지만.

기무라 : 그랬구나. 좋아. 그럼 갈까?

박 : 야호!

기무라 : 다른 데 가고 싶은 데 있어?

박 : 음~ 아사쿠사에 가고 싶어. 그리고 오다이 바에도 가고 싶어.

기무라 : 아사쿠사는 도쿄 타워에서 조금 머네. 오다

이바라면 아사쿠사만큼 안 머니까, 어때?

박 : 그래? 그럼 아사쿠사는 다음에 가기로 해.

기무라 : 그럼 내일은 도쿄타워와 오다이바네~.

박 : 몇 시에 어디서 만날까?

기무라 : 도쿄 타워에 갈거면 지하철 도에이 오에도 선을 타면 되니까, 신주쿠역 동쪽 출구에서 10시에 만나자.

박 : 응, 알았어.

기무라 : 내일은 날씨도 좋을거 같고, 기대된다~.

08 • 엘리베이터는 사용하지 않으려고 해요

박 : 스즈키 선배, 케이크 사 왔는데요. 같이 먹지 않을래요?

스즈키 : 미안해요. 모처럼 가지고 왔는데….

박 : 에? 왜요? 스즈키 선배 단거 좋아하잖아요.

스즈키 : 좋아하는데, 지금 다이어트 하거든요.

박 : 어? 그래요?

스즈키 : 요즘에 좀 살이 쪄서요. 요전에 산 바지가 안 들어가서 쇼크였어요.

박 : 다이어트군요.

스즈키 : 네. 채소를 중심으로 먹을려고 해요. 그리고 엘리베이터는 사용하지 않으려고 해요.

박 : 호~ 그렇군요.

스즈키 : 박(민지) 씨는 날씬한데, 살 안찌게 하려고 뭔가 해요?

박 : 따로 뭘 하지는 않아요.

스즈키 : 헤~ 부럽네요.

박 : 그럼, 단거는 그다지 권하지 않을게요.

스즈키 : 부탁해요.

09 • 생일 선물로 엄마가 줬어

기무라 : 아, 그 스웨터 귀엽다~.

박 : 어, 이거? 작년에 생일선물로 엄마가 줬어.

기무라 : 그 색 아주 잘 어울려. 아, 이거 조금 이르 지만 나도 생일 선물 (줄게).

박 : 와~ 좋아라~. 고마워.

기무라 : 마음에 들었으면 좋겠는데.

박 : 열어봐도 돼?

기무라 : 응.

박 : 아~ 내가 갖고 싶었던 가방. 정말 받아도

돼?

기무라 : 물론. 니가 좋아해서 다행이다.

박 : 실은 내일 스즈키 선배가 생일 파티를 열어
주거든. 기무라 선배도 꼭 와.

기무라 : 응, 기꺼이!

박 : 아, 스즈키 선배. 안녕하세요?

스즈키 : 안녕하세요. 어 기무라, 박(민지) 씨한테 생
일선물 줬어?

박 : 네, 줬어요.

스즈키 : 헤~. 박(민지) 씨, 내일은 내가 케이크 구
워줄게요.

박 : 네. 고맙습니다.

10 ● 테이블이 더러우니까 닦아 둘게요

기무라 : 민지 생일파티는 몇 시부터 시작됩니까?

스즈키 : 7시부터 시작할 예정이야.

기무라 : 준비는 다 됐나요?

스즈키 : 아직이야. 지금 서둘러 준비하는 중이야.

기무라 : 그럼 도우러 갈까요?

스즈키 : 아~, 부탁해.

기무라 : 테이블이 더러우니까 닦아 둘게요.

스즈키 : 응, 부탁해. 그리고 나서 맥주를 냉장고에
넣어줄래?

기무라 : 네, 잔도 차게 해 둘게요.

스즈키 : 와~ 센스 있네. 기무라, 미안한데, 현관에
둔 쓰레기 좀 버려 줄래?

기무라 : 네, 알겠습니다.

스즈키 : 앗, 물 사는거 깜빡했다.

기무라 : 그럼 쓰레기 버리러 가는 김에 사 올까요?

스즈키 : 응, 부탁해~.

11 ● 조퇴할 수 없을까요?

박 : 선생님, 내일 부모님과 남동생이 와서요,
내일 수업 조퇴할 수 없을까요? 공항까지
마중나가야 되서요.

선생 : 그래요? 알겠어요. 오랜만에 부모님을 만나
는군요. 즐겁게 지내고 와요.

박 : 네, 고맙습니다.

스즈키 : 내일, 부모님을 만날 수 있겠네요. 기쁘죠?

박 : 물론이죠.

스즈키 : 어디로 모시고 갈거예요?

박 : 우선은 호텔로 모시고 가 쉬시게 하고, 그
다음 밥을 먹으러 가려고 해요.

스즈키 : 모레는요? 박(민지) 씨, 수업 있죠?

박 : 네, 하지만 오전중에만 있어요. 남동생은
일본어를 할 수 있으니까. 동생에게 아사쿠
사라도 안내시킬 생각이에요. 오후에는 함
께 관광할까 하고요.

스즈키 : 그럼 제게 가이드를 시켜 주세요.

박 : 어? 정말요? 꼭 부탁해요.

12 ● 시로를 맡아주실 수 없나요?

스즈키 : 와타나베 씨, 주말에 가족끼리 2박 3일로
온천여행을 갈려고 하는데요, 시로(강아지)
를 맡아주실 수 없나요?

와타나베 : 좋아요. 개는 좋아하니까요. 어떻게 돌보면
될까요?

스즈키 : 하루에 두 번 먹이를 주세요. 그리고 하루
에 한 번 산책하러 데리고 가 주세요.

와타나베 : 알겠습니다. 주말은 맑을 것 같으니 여행
즐겁게 다녀와요.

스즈키 : 시로를 맡아주셔서 정말 고마웠습니다. 자,
시로! 이리 와. 어머 시로가 와타나베 씨를
좋아하나봐요. 완전히 친해져서.

와타나베 : 네~ 귀여워서 제 자식처럼 생각되요. 아내
도 시로가 맘에 든 것 같더라고요. 헤어지
는게 조금 쓸쓸해요.

스즈키 : 연락주시면 언제든 시로를 데리고 올게요.
저, 이거 선물이에요. 변변치 못하지만….

와타나베 : 아이고~ 이렇게 신경을 쓰게 했네요.

스즈키 : 그저 마음뿐이에요. 또 시로와 놀아주시지
않으실래요?

와타나베 : 물론이죠. 그럼 사양않고 잘 받을게요.

스즈키 : 사모님께도 정말 폐를 끼쳤다고 전해 주세요.

와타나베 : 네, 알겠습니다.

13 • 시로, 앉아. 일어서

박 : 앗, 스즈키 선배 안녕하세요?
스즈키 : 안녕하세요. 우연이네요.
박 : 개 산책 시키는 거예요?
스즈키 : 네, 이 개 '시로'라고 해요. 요전에 와타나베 씨가 시로를 맡아줬어요.
박 : 네, 알고 있어요. 와타나베 씨가 '시로가 정말 귀여웠어'라고 말했어요.
스즈키 : 앗, 시로! 그쪽으로 가면 안 돼. 돌아와.
박 : 왜 안 돼요?
스즈키 : 봐요, 저기 '立ち入り禁止'라고 써 있죠?
박 : 立ち入り禁止? 무슨 뜻이에요?
스즈키 : 「들어가면 안 된다」라는 뜻이에요.
박 : 아~.
스즈키 : 시로, 앉아. 일어서.
박 : 헤~ 정말 말하는 대로 하네요.
스즈키 : 이 원반을 던져 볼게요. 뛰어!
박 : 앗, 잡았다. 와~ 잘하네요. 잘 하면 먹이를 주는군요.
스즈키 : 먹지마.
박 : 아, 정말 안 먹네.
스즈키 : 먹어.
박 : 앗, 먹는다. 똑똑하네요.
스즈키 : 박(민지) 씨도 해볼래요?
박 : 네. 먹지마. 앗, 먹었네.
스즈키 : 아하하.
박 : 역시 주인이 하는 말밖에 안 듣네요.

14 • 영어 발음을 칭찬받았습니다

박 : 스즈키 선배는 영어를 할 수 있어요?
스즈키 : 그리 잘하지 못하지만 조금은 해요. 중학생 때 선생님한테 영어 발음을 칭찬받은 후로 영어를 좋아하게 됐어요.
박 : 그래요? 중학생 때 저는 착실히 공부를 안 해서, 자주 선생님께 꾸중을 들었어요. 영어는 전혀 몰라요.
스즈키 : 하지만 일본어는 잘하잖아요.
박 : 아직 능숙하지 않아요. 하지만 중학생 때부터 일본 만화나 애니메이션에 푹 빠져서, 자연스럽게 일본어를 좋아하게 됐죠. 스즈키 선배는 중학생 때 어떤 것에 열중한 것 있나요?
스즈키 : 글쎄요. 딱히 없어요. 부모님이 학원에 가게 하거나, 피아노를 억지로 배우게 하거나 해서 바빴거든요.
박 : 헤~, 스즈키 선배가 다녔던 중학교는 어디예요?
스즈키 : 꽤 전에 지어져서 몇 년전에 없어졌어요.
박 : 그래요? 자기가 다니던 학교가 없어지면 좀 쓸쓸하죠….

15 • 정말 신세졌습니다

와타나베 히로시 님

배계
점점 추워지는데요, 어떻게 지내시나요?
일본에서는 정말 신세졌습니다. 와타나베 씨 덕분에 즐거운 추억이 많이 생겼습니다. 진심으로 감사드립니다.
한국에 돌아오고 나서 저는 취직활동을 하고 있습니다. 한국에서 일본어를 쓸 수 있는 일을 하고 싶습니다. 일을 찾는 것은 힘들지만, 열심히 노력하겠습니다.
와타나베 씨, 다음에 휴가를 받으실 때는 꼭 한국에 놀러오세요. 제가 안내해 드리겠습니다. 또 맛있는 한국요리집으로 모시겠습니다.
그럼 건강 조심하세요. 다시 만날 수 있는 날을 기대하고 있겠습니다.
사모님께도 안부전해 주세요.

경구
12월 3일
박민지

종류	기본형	です형 (정중형)	て형 (중지형)	た형 (과거형)	ない형	
					(현재형)	(과거형)
イ 형 용 사	大きい	大きいです	大きくて	大きかった	大きくない	大きくなかった
	よい いい	よいです いいです	よくて	よかった	よくない	よくなかった
	ない	ないです	なくて	なかった	(なくはない)	(なくはなかった)
	〜たい	〜たいです	〜たくて	〜たかった	〜たくない	〜たくなかった
ナ 형 용 사	きれいだ	きれいです	きれいで	きれいだった	きれいではない	きれいではなかった
	静かだ	静かです	静かで	静かだった	静かではない	静かではなかった
	立派だ	立派です	立派で	立派だった	立派ではない	立派ではなかった
	にぎやかだ	にぎやかです	にぎやかで	にぎやかだった	にぎやかではない	にぎやかではなかった
	親切だ	親切です	親切で	親切だった	親切ではない	親切ではなかった
	便利だ	便利です	便利で	便利だった	便利ではない	便利ではなかった
	社会的だ	社会的です	社会的で	社会的だった	社会的ではない	社会的ではなかった
	スマートだ	スマートです	スマートで	スマートだった	スマートではない	スマートではなかった
		〜です	〜でして	〜でした	〜ではありません (〜じゃありません)	〜ではありませんでした (〜じゃありませんでした)

だろう形 (추량형)	조건 가정형		부사형	명사형	비고
	～なら	～たら/～ば			
大きいだろう	大きいなら	大きかったら 大きければ	大きく	大きさ	모든 イ형용사
よいだろう いいだろう	よいなら	よかったら よければ	よく	よさ	
ないだろう	ないなら	なかったら なければ	なく	なさ	
～たいだろう	～たいなら	～たかったら	～たく	～たさ	모든 동사+たい형
きれいだろう	きれいなら	きれいだったら	きれいに	きれいさ	모든 ナ형용사
静かだろう	静かなら	静かだったら	静かに	静かさ	
立派だろう	立派なら	立派だったら	立派に	立派さ	
にぎやかだろう	にぎやかなら	にぎやかだったら	にぎやかに	にぎやかさ	
親切だろう	親切なら	親切だったら	親切に	親切さ	
便利だろう	便利なら	便利だったら	便利に	便利さ	
社会的だろう	社会的なら	社会的だったら	社会的に	社会的さ	모든 명사+的
スマートだろう	スマートなら	スマートだったら	スマートに	スマートさ	모든 외래어
～でしょう		～でしたら			

종류	기본형	ます형 (정중형)	て형 (접속형)	た형 (과거형)	たら형 (가정형)	ば형 (조건형)	(ら)れる형 (수동, 존경형)	(さ)せる형 (사역형)	
1 그룹동사	書く	書きます	書いて	書いた	書いたら	書けば	書かれる	書かせる	
	行く*	行きます	行って	行った	行ったら	行けば	行かれる	行かせる	
	泳ぐ	泳ぎます	泳いで	泳いだ	泳いだら	泳げば	泳がれる	泳がせる	
	遊ぶ	遊びます	遊んで	遊んだ	遊んだら	遊べば	遊ばれる	遊ばせる	
	読む	読みます	読んで	読んだ	読んだら	読めば	読まれる	読ませる	
	死ぬ	死にます	死んで	死んだ	死んだら	死ねば	死なれる	死なせる	
	持つ	持ちます	持って	持った	持ったら	持てば	持たれる	持たせる	
	買う	買います	買って	買った	買ったら	買えば	買われる	買わせる	
	乗る	乗ります	乗って	乗った	乗ったら	乗れば	乗られる	乗らせる	
	探す	探します	探して	探した	探したら	探せば	探される	探させる	
2 그룹동사	見る	見ます	見て	見た	見たら	見れば	見られる	見させる	
	食べる	食べます	食べて	食べた	食べたら	食べれば	食べられる	食べさせる	
3 그룹동사	来る	来ます	来て	来た	来たら	来れば	来られる	来させる	
	する	します	して	した	したら	すれば	される	させる	
		～ます	～まして	～ました	～ましたら				

가능형	ない형		よう형	명령형	비고
	(현재형)	(과거형)	(의지형)		
書ける	書かない	書かなかった	書こう	書け	聞く, 歩く, 置く, 動く
行ける	行かない	行かなかった	行こう	行け	
泳げる	泳がない	泳がなかった	泳ごう	泳げ	急ぐ, 脱ぐ, 防ぐ
遊べる	遊ばない	遊ばなかった	遊ぼう	遊べ	飛ぶ, 運ぶ, 結ぶ
読める	読まない	読まなかった	読もう	読め	飲む, 休む, 込む
死ねる	死なない	死ななかった	死のう	死ね	
持てる	持たない	持たなかった	持とう	持て	立つ, 勝つ, 打つ, 待つ
買える	買わない	買わなかった	買おう	買え	会う, 習う, 歌う, 吸う
乗れる	乗らない	乗らなかった	乗ろう	乗れ	帰る, 走る, 困る, 踊る
探せる	探さない	探さなかった	探そう	探せ	話す, 貸す, 返す
見られる	見ない	見なかった	見よう	見ろ	起きる, 着る
食べられる	食べない	食べなかった	食べよう	食べろ	寝る, 出る, かける
来られる	来ない	来なかった	来よう	来い	불규칙이므로 무조건 외워야 함
できる	しない	しなかった	しよう	しろ	
	〜ません	〜ませんでした	〜ましょう		

新 뉴라인 일본어 ②

지은이 최광준, 이정숙, 추석민, 김세련
펴낸이 정규도
펴낸곳 (주)다락원

초판 1쇄 발행 2014년 3월 27일
초판 5쇄 발행 2025년 9월 19일

편집 송화록, 김은경
디자인 김성희, 유진희
일러스트 김현수, 오경진

다락원 경기도 파주시 문발로 211
내용문의: (02)736-2031 내선 460~465
구입문의: (02)736-2031 내선 250~252
Fax: (02)732-2037
출판등록 1977년 9월 16일 제406-2008-000007호

ISBN 978-89-277-1106-3 18730
     978-89-277-1107-0(set)

http://www.darakwon.co.kr

- 다락원 홈페이지를 방문하시면 상세한 출판정보와 함께 동영상강좌, MP3자료 등 다양한 어학 정보를 얻으실 수 있습니다.
- 다락원 **Cyber 어학원** 내 〈일본어 공부방〉에서는 다양한 일본어 학습코너가 제공되고 있습니다.
- 다락원 홈페이지 자료실에서 각 과의 문형연습/회화연습/응용연습의 모범답안과 **MP3 파일(무료)**을 다운로드 받으실 수 있습니다.

 MEMO